智慧家长这样做 ❷

必须重视的98个常见问题

戴东 著

民主与建设出版社
·北京·

© 民主与建设出版社，2022

图书在版编目（CIP）数据

智慧家长这样做 . 2，必须重视的 98 个常见问题 / 戴东著 . -- 北京：民主与建设出版社，2022.7（2024.8 重印）
ISBN 978-7-5139-3846-4

Ⅰ . ①智… Ⅱ . ①戴… Ⅲ . ①家庭教育 Ⅳ . ① G78

中国版本图书馆 CIP 数据核字（2022）第 115638 号

智慧家长这样做 . 2：必须重视的 98 个常见问题
ZHIHUI JIAZHANG ZHEYANGZUO 2 BIXU ZHONGSHI DE 98 GE CHANGJIAN WENTI

著　　者	戴　东
责任编辑	刘　芳
封面设计	新艺书文化
出版发行	民主与建设出版社有限责任公司
电　　话	（010）59417747　59419778
社　　址	北京市海淀区西三环中路 10 号望海楼 E 座 7 层
邮　　编	100142
印　　刷	北京晨旭印刷厂
版　　次	2022 年 7 月第 1 版
印　　次	2024 年 8 月第 2 次印刷
开　　本	787 毫米 ×1092 毫米　1/16
印　　张	20.25
字　　数	188 千字
书　　号	ISBN 978-7-5139-3846-4
定　　价	68.00 元

注：如有印、装质量问题，请与出版社联系。

目 录

学习篇

问题 1　孩子因不喜欢老师而不喜欢听课　/003
问题 2　孩子一边听歌一边写作业　/005
问题 3　孩子不遵守课堂纪律　/007
问题 4　孩子不主动学习　/009
问题 5　孩子写作业拖延　/012
问题 6　孩子没有养成阅读习惯　/015
问题 7　孩子考试时容易发挥失常　/017
问题 8　孩子厌学　/019
问题 9　孩子遇到难题就退缩　/022
问题 10　孩子发展不均衡　/025
问题 11　孩子幼小衔接没做好　/027
问题 12　孩子课外兴趣班时间冲突　/031
问题 13　孩子总是因为粗心丢分　/032
问题 14　孩子努力了，学习成绩却不理想　/035
问题 15　假期结束后，孩子不想去上学　/039

问题 16　家长盲目夸赞孩子聪明　/041
问题 17　老师经常向家长"告状"　/045
问题 18　孩子拒绝上课外兴趣班　/047
问题 19　孩子上了初中,成绩下滑得厉害　/049
问题 20　孩子对学习不着急　/052

生活篇

问题 21　孩子缺乏孝心　/057
问题 22　孩子不敢自己睡觉　/060
问题 23　孩子作息不规律　/062
问题 24　孩子总是提出无理要求　/064
问题 25　孩子嫌家长唠叨　/066
问题 26　孩子不会分享　/071
问题 27　孩子不会拒绝别人　/073
问题 28　孩子的兴趣多变　/076
问题 29　孩子爱撒谎　/079
问题 30　孩子出国留学,家长过度担心　/082

心理篇

问题 31　孩子过于在乎别人的看法　/087
问题 32　孩子不自信　/090

目　录

问题 33　孩子过于内向　/093
问题 34　孩子和家长闹情绪　/096
问题 35　孩子不觉得幸福　/098
问题 36　家长如何对待孩子的"小秘密"　/102
问题 37　孩子输不起　/105
问题 38　孩子对父母有报复心理　/108
问题 39　孩子因被他人嘲笑感到沮丧　/110
问题 40　孩子爱攀比　/114
问题 41　孩子成了"妈宝男"　/117
问题 42　孩子成了霸道女孩　/120
问题 43　孩子缺乏自尊　/122
问题 44　孩子青春期叛逆　/126
问题 45　孩子经常嫉妒别人　/131
问题 46　孩子为何会自杀　/134
问题 47　孩子因家庭条件差感到自卑　/138
问题 48　孩子因自己的外貌感到自卑　/140
问题 49　家长经常对孩子哭穷　/141

家庭篇

问题 50　父母对孩子有很强的控制欲　/149
问题 51　家长行为对孩子产生负面影响　/153
问题 52　二孩家庭中，老大不喜欢老二　/155
问题 53　夫妻离婚不告诉孩子原因　/158
问题 54　家长总是因为自己亏欠孩子而自责、内疚　/161
问题 55　夫妻离婚对孩子成长的影响　/164

问题 56　再婚的家长不敢管教对方的子女　/167
问题 57　父母不遵守对孩子的承诺　/171
问题 58　家长一直学习，孩子却不改变　/174
问题 59　家长忙于赚钱，无暇陪伴孩子　/177
问题 60　全职妈妈无法认同自己　/181
问题 61　父亲缺位子女教育　/185
问题 62　父母不清楚夫妻关系对孩子产生的影响　/189
问题 63　父母经常对孩子发怒　/195
问题 64　高学历家长不一定会教育孩子　/199
问题 65　老师不一定能教育好自己的孩子　/203
问题 66　家长因孩子的不良习惯而生气　/205
问题 67　父母和老人在子女教育方面有分歧　/208
问题 68　家长不重视自己的学习　/211

行为篇

问题 69　孩子浏览色情网站　/217
问题 70　孩子早恋　/220
问题 71　孩子经常没有界限地帮助别人　/227
问题 72　孩子过度追星　/229
问题 73　孩子对做任何事情都没有想法　/232
问题 74　孩子和学习成绩差的孩子交往　/235
问题 75　孩子沉迷于游戏　/238
问题 76　孩子玩手机、上网成瘾　/242
问题 77　孩子吸烟　/245
问题 78　孩子因为打架被学校退学　/247

目 录

问题 79　孩子喜欢打扮　　/250
问题 80　孩子经常说脏话　　/252
问题 81　孩子离家出走　　/255
问题 82　孩子偷拿家里的钱　　/257
问题 83　孩子辍学　　/260
问题 84　孩子喜欢咬指甲　　/266
问题 85　孩子花钱大手大脚　　/268
问题 86　孩子做错事喜欢找借口　　/272
问题 87　孩子经常做家长禁止做的事　　/275
问题 88　孩子成了校园里的施暴者　　/278
问题 89　孩子成了校园霸凌的受害者　　/282

成长篇

问题 90　孩子想当网红主播　　/287
问题 91　孩子树立的志向不宏伟　　/289
问题 92　孩子从来不做家务　　/291
问题 93　孩子不懂规矩　　/293
问题 94　孩子不受别人欢迎　　/297
问题 95　孩子缺少共情能力　　/303
问题 96　孩子不懂得感恩家长　　/306
问题 97　孩子适应新环境的能力较弱　　/309
问题 98　家长不重视死亡教育　　/312

学习篇

问题 1　孩子因不喜欢老师而不喜欢听课

孩子因为不喜欢老师就不喜欢听课，这是一个让家长头疼的问题。通过孩子的各种描述，我们发现问题的出现通常源于以下两种原因。

第一种原因，某一件事让孩子对老师产生不好的感受。例如，孩子因为没拿课本被老师当众批评，孩子就对老师有了情绪，进而对老师教授的课程产生抵触心理。这是一种很常见的现象，因为孩子对事情的认识具有主观、片面、单纯的特点，他们很容易把对某些人、某些事不好的感觉和相关的其他事情联系起来，这样就导致了"被老师批评—不喜欢老师—认为该学科也没有意思"这一问题。

第二种原因是最根本的原因，即孩子没有强大的学习动机。他在感受层面学习，感受好就好好学习，感受不好就不学习，因为他不知道为什么而学。实际上，家长在平时教育孩子的过程中，没有注重孩子学习的目的和动机，才是根源。孩子知道为什么学比知道怎么学、学什么更重要。所以家长应该在教育的根上下功夫。

遇到这种情况，家长应该怎么做呢？

第一，家长要尊重孩子的感受，允许孩子发表对老师的看法。当孩子表示对老师的抵触情绪时，家长要接纳孩子的感受，不要无端地指责孩子，或者进行反驳。无端地指责或者反驳会让孩子没有和你交流的欲望，你们之间无法实现有效的沟通。

其实，只要孩子能说出自己的感受，问题就已经解决了一半——孩子得到了家长的理解，情绪就会得到有效的疏导。

第二，家长要帮助孩子进行换位思考，理解老师。比如，孩子因为没带课本被老师惩罚进而不喜欢老师，家长可以这样帮孩子分析：首先，肯定老师这样做的原因，即老师是为了孩子好；其次，要引导孩子换位思考，理解老师。同时也要告诉孩子，并不是每个人都会用他喜欢的方式让他成长，用其他方式让他成长的人，也是他需要感恩、感谢的人。家长可以抓住这次机会提升孩子的逆商。

除此之外，家长也可以和老师进行沟通，让老师适当地表扬、认可、鼓励一下孩子，建立老师和孩子的正向联结。

第三，最重要的是帮助孩子建立强大的学习动机。当一个孩子有使命感的时候，他就会变成一个负责任者，就不会停在感官的层面上，喜欢什么就干什么，不喜欢什么就不去做什么，而是遇到任何困难都不会轻易放弃。

问题2　孩子一边听歌一边写作业

一位家长留言说，自己的孩子学习成绩中等，不喜欢写作业，写着写着就变得很烦躁，并且经常一边听歌一边写作业。该家长认为，一边听歌一边写作业是应付的表现，效率很低，会影响学习成绩。

我是这样理解这个问题的。一般情况下，孩子一边听歌一边写作业，有可能是习惯问题，但是从这位家长的描述中，我们可以看到这个孩子可能是在通过听歌缓解自己烦躁的情绪。

孩子一边听歌一边写作业不是导致孩子写作业效率低的最主要原因。家长必须明白，孩子写作业的时候很烦躁，必须用听歌来缓解这种烦躁，这是他能想到的解决问题的办法。至于为什么孩子在写作业时感到烦躁，才是家长要关心和解决的问题。家长往往只看到了孩子的行为表现，却忽视了孩子做这件事的心理原因，而孩子的心理活动和内在动机才是他做某件事情的驱动力。

这里我们给家长几个建议。

第一，家长可以用这样的语言来表达对孩子感受的理解和共情。比如，"妈妈（爸爸）感觉你最近的状态不是很好，看见你写作业的时候比较烦躁，是不是作业太多了？还是学校里有让你烦恼的事情？你能不能告诉妈妈（爸爸），看看妈妈（爸爸）能不能帮到你？"

第二，家长用倾听的方式，让孩子诉说他的烦恼，听他发牢骚，充当孩子的情绪垃圾桶。家长在这个时候不着急给意见，先听听孩子的心声，然后找到问题的关键所在。

第三，如果孩子不愿意与家长做太多交流，说明家长和孩子的沟通存在严重的不足和障碍，因此家长一定要先解决和孩子之间关系的问题，拉近与孩子的距离。

家长要多关注孩子焦虑、烦躁的情绪，学会倾听、共情，陪孩子做他喜欢的事，诉说你对他的爱和支持，比如可以有一些肢体接触、睡前拥抱等，帮助孩子缓解情绪压力。

第四，孩子的焦虑往往源于父母的焦虑，和他害怕父母失望的心理。父母不经意的一个语气、脸色，都可能被孩子解读为父母对他的失望，从而形成压力。

也就是说，孩子的焦虑问题，根源在父母。

孩子一边听歌一边写作业，在某种程度上来说是孩子向父母发出的一个信号。如果这时父母禁止孩子听歌曲，可能会进一步增加他的压力和焦虑。

真正需要解决的不是孩子一边听歌一边写作业的行为，而是产生这一现象的深层原因。我们必须看到孩子行为背后的心理动机是什么，只有找到这一心理动机，才能对症下药，帮助孩子改变行为。

怎么才能看到孩子背后的心理动机呢？我建议有这一部分需求的家长多学习相关知识，走进孩子内心，架起与孩子沟通的桥梁。

问题 3　孩子不遵守课堂纪律

有家长说，她最近频繁地被老师请到学校，原因是她上初一的孩子总是不遵守课堂纪律，在上课的时候说话。这位家长试了很多办法，但孩子依然我行我素。

我想告诉这位家长，喜欢在课堂上捣乱的孩子，大多想通过捣乱引起老师和同学的注意，他们往往在家庭中缺少理解和关注。

孩子在缺乏关注后大致会经历四个阶段：第一个阶段叫寻求关注；如果得不到关注，他就会进入第二个阶段——寻求权利、他的自主权；如果还是得不到关注，他就会进入第三个阶段——报复；如果依然得不到关注，他就会进入第四个阶段——自暴自弃，自我放纵。

很多家长处理孩子捣乱的方式是要求他不捣乱，因此大多选择批评的方式，希望孩子改正其行为。然而，家长的方式无法让孩子感受到爱和关注，他就变本加厉，一步步地从寻求权利阶段走向报复阶段，直到完全自我放弃。寻求关注的孩子其实是有上进心的，至少他心中还是有诉求、有追求的。如果家长能够很好地给予孩子关注，而不是一味地批评，是可以有效帮助到孩子的。

我曾经问过一个孩子，为什么喜欢在课堂上和周围的同学说话？他说，他上小学时有一个好朋友，性格外向，很能说，和班里的许多同学能打成一片，令他很是羡慕。

这个孩子其实是把拥有朋友归因于能说了，他渴望友谊，渴望关注和爱，所以选择用这种方式来引起老师和同学的注意。

本节开头的孩子为什么如此缺乏价值感和存在感？我在他的家庭中找到了答案。他从小就和爷爷奶奶生活在一起，父母在他儿时离异，后来他跟随母亲生活，而母亲只看重他的学习，对他缺乏精神层面的关心与呵护。他的父亲在他三年级时就去世了，他缺少父爱。这样的经历，让他变得缺乏自我价值和自我认同，总想引起大家的注意。

如果遇到这种问题,家长该如何做?我们有两点建议。

第一,家长要给予孩子关注和理解,而不是一味地批评。一般情况下,没有耐心的家长给予孩子更多的是打击。

第二,家长要尽量缓和孩子和老师之间的关系。比如,家长可以和老师说明孩子的情况,但是不要让老师觉得孩子有心理问题,可以请老师做一些特殊阶段的支持。同时,也要引导孩子,让孩子去喜欢老师、欣赏老师。当老师真诚地给予孩子肯定,孩子感受到被老师肯定时,他就会自觉地认真听课,从而形成良性循环。

当你的孩子还在做各种事情想引起你的关注时——无论是用捣乱的方式,还是用反抗的方式,你一定要清楚孩子内心深处的动机是呼唤爱。不要等到孩子自暴自弃的时候再去弥补。正确地爱孩子,是每一位家长的必修课。让我们从现在开始,一起做合格的家长,做最好的家长吧!

问题 4　孩子不主动学习

经常有家长跟我说,如果家长不看着孩子学习,孩子就不学习，作业得催着才能写，一点儿自主性都没有。

我要提醒各位家长，如果你的孩子有类似的表现，你就要注意了：在孩子小时候，你强制要求他学习，也许还会有效果；到了性格形成期后，这种看管式的学习方式会越来越不管用，反而会让孩子把注意力转移到各种"瘾"上，比如游戏瘾、手机瘾、小说瘾等，出现各种各样的问题。

孩子不主动学习，根本原因是他在学习上没有找到乐趣，没有找到自我价值感，没有获得胜任感。更深层次的原因是他没有强大的学习动机，他不知道自己为什么学习，也就更谈不上如何学习。我经常在各种训练营中问孩子，你们为什么要学习？孩子们就会回答，为了考上好大学。考上好大学是为了什么？为了找一份好工作。找一份好工作又是为了什么？为了找个好伴侣，然后生个孩子，让他学习，考大学……

难道孩子们天天上学就是为了这些吗？

有报道显示，2019年初广州大学发布公告，有72名研究生在规定的最长学习年限内未完成学业，学校因此做出退学处理。高校学子被退学的现象现在已经屡见不鲜。西南交通大学清退了一批2012级博士研究生和2014级的硕士研究生，合肥工业大学一次性清退了40名硕士研究生；华中科技大学多名本科生因表现太差而被转成专科生，深圳大学317名学生被要求退学，清华大学也开始对不作为的学生做劝退处理。

如果孩子是为家长而学，要靠家长的看管才能学习，或者孩子学习的目标仅仅是为了考上一所大学，那么考上大学就会变成孩子学习的终点，因为他的目标已经达到了，所以他不会自发自律地去做一件他认为很苦的事情，而愿意"苦其心志，劳其筋骨，饿其体肤，空乏其身，行拂乱其所为"的人是有使命感的人。比如，一个孩子学习是为了今后为社会做贡献，他会有无限的动力，因为他的起心动念相比仅仅为了考大学而学习，格局大了很多。

你做事情的动机不一样，结果就不一样。当你只为自己的时候有可能动力不足，当你心里装着的是家庭，甚至是社会，你将会有更多的力量，会走得更远。这就是我们"少年英雄营"的"小英雄"能成为学校里的佼佼者，成为各个社团领袖的原因。他们给成绩较差的孩子讲学习方法，帮助一些孩子打开心结，带领全班的孩子去养老院……他们心里装的从来都不只是自己。也就是说，当孩子的动机足够强大时，他就会主动学习。

父母的眼界、胸怀和格局会影响孩子的未来。所以，父母要和孩子一起学习，一起改变。

问题 5　孩子写作业拖延

孩子写作业拖延是一个让很多家长头疼的问题。有位家长跟我说过，他的孩子很聪明，成绩也比较理想，但就是不喜欢写作业，每次写作业之前一定要磨蹭一会儿，他反复催促后才写，且中途一会儿出来吃水果，一会儿上厕所，一会儿说用手机查点儿资料，必须被盯着、催着才能完成作业。他每次都因为写作业跟孩子生气，想问我怎么才能改掉孩子写作业拖拉的毛病。

其实这位家长道出了一个群体的心声，有不少家长因为孩子写作业拖拉的问题和孩子产生了矛盾。

> 据新闻报道，一位南京的妈妈因为孩子写作业太拖拉，被气到引发急性脑梗死住院。广大家长朋友看到这条新闻，纷纷评论：最怕的不是上班辛苦，而是回家教娃写作业。一时间，在家长的朋友圈里，关于陪孩子写作业的段子满天飞。

我曾经在书店里见过不少家长买关于如何看管孩子写作业的书籍。从市场需求的角度来看，陪孩子写作业是摆在许多家长面前的一道难题。但是，请各位家长思考一下，陪孩子写作业于家长而言是一件痛苦的事，难道被家长看着写作业的孩子就舒服吗？

我们必须明白的是，总是拖拉的孩子，通常也不快乐。家长要观察一下，孩子玩游戏是否拖拉，准备看电视是否磨蹭，吃东西是否拖延。如果孩子在做这些事情时动作非常迅速，就说明孩子本质上并不拖延。孩子之所以在写作业时拖延，是因为存在让他拖延的原因。

以下是常见的几种原因，各位家长可以与自己孩子的情况进行对照。

第一，写作业拖延的孩子往往有性格急躁、期望值高和控制欲强的父母。在教育孩子的过程中，这类父母总是不断地督促和强制孩子完成既定目标，很少给孩子选择的机会。面对强势的父母，孩子很无助，只能将拖延作为无意识的、隐性的对抗行为，不断给自己心理暗示"我斗不过你，但是可以拖"。

这种类型的家长必须将学习的责任还给孩子。家长要尊重孩子，给孩子选择权，鼓励孩子主动、有效地完成自己的事情。否则，长此以往，孩子就会认为写作业、学习都是做给家长看的，在学习上自然不会有主动性和动力。更糟糕的是，家长如果不改变这种教育孩子的方式，孩子不仅会在学习方面出现问题，甚至在性格、生活习惯等各个方面都会出现问题。

第二，写作业拖拉的孩子往往有个喜欢布置额外作业的家长。

孩子很快地写完作业，家长一看时间还早，又给孩子布置一些额外的作业，孩子写完作业之后的轻松心情就被家长完全破坏了。经历过几次之后，为了避免家长加码，孩子就开始故意放慢写作业的速度，拖延时间——反正写完还要做新的作业。

如果是这种原因造成的拖延，家长就要注意了，不要让自己的贪念挫伤孩子学习的积极性，否则会得不偿失。家长随意加码的做法不仅没有促进孩子的学习成绩提高，还会让孩子形成有意识的拖延，形成不良的习惯。

第三，孩子写作业拖拉，也有可能是孩子自身的原因。比如，基础差或者对学习没有兴趣。如果是因为基础差导致作业不会做，那么孩子写作业的速度自然就慢。有的孩子对学习没有兴趣，即使会做也不想做。家长要分析究竟是孩子的学习方法还是学习心态出现了问题，可以让孩子做关于学习程序的测评，找到问题的关键，从而帮助孩子解决学习方法和兴趣的问题。

第四，孩子缺乏时间观念，不会管理时间，养成了写作业拖延的习惯。许多家长总是什么都要替孩子想好、安排好，比如，有的家长习惯提醒孩子"该写作业了""到练琴时间了，别看电视了""该洗澡了"，甚至反复提醒、催促。既然家长总是替孩子安排好时间，孩子当然不用操心怎么安排时间了，也就很难有时间观念。

如果你想让孩子成为时间的主人，就教给孩子一些时间管理的方法，让他自己做时间规划，学会自律。

家长一定要明白，绝大多数取得成功的人都不是靠逼迫或者监督的方式培养出来的，唤醒孩子自主学习的意识才是关键。自主学习是指孩子学习的时候不依赖他人，不受到他人的控制和干涉，积极主动地完成学习任务。这就需要家长在孩子的志向、性格、行为和习惯上下功夫，而不只是围绕着孩子的成绩做功课。

问题 6　孩子没有养成阅读习惯

我想和大家分享一个话题：如何让学龄前孩子养成阅读的好习惯？培养孩子的阅读习惯是每个家长都要下功夫做的事情。

良好的阅读习惯是培养孩子许多关键技能的基础。比如，孩子要写作和演讲，需要良好的知识储备，这些内容从哪里来？通过阅读而来。孩子阅读多了，自然就会有丰富的知识底蕴，做到"腹有诗书气自华"——这些都会成为孩子内在的财富和未来的增值能力。如果孩子在小时候能养成阅读的习惯，他就掌握了快速自我学习的一个途径。

家长和老师能传授给孩子的知识是有限的。孩子可以通过阅读，纵览古今、遍览世界，通过文字向大师学习，通过故事和伟大的历史人物进行精神交流。如果家长不太能为孩子提供一个宽广的视野和格局，那么阅读就可以给孩子提供和伟大人物碰面的机会。从长远来看，是否阅读、读什么内容，都会影响孩子的视野和格局。

引导孩子阅读的方式有很多，每个家长也有自己的方式和方法。这里我们给家长提几点建议，仅供参考。

第一，在阅读开始时，家长首先要明确，学习知识不是目的，养成孩子对阅读的兴趣和阅读习惯才是目的。在孩子小时候，家长可以选择一些绘本给孩子讲故事，让孩子感受到书本的趣味性，发现这是一个去往未知世界的渠道。

第二，许多学龄前的孩子都喜欢反复阅读，有时候一本书能读上好几个月甚至半年，这都没关系。家长不需要准备很多书，也不需要每天一本新书，以孩子的兴趣为主即可。只要是换喜欢的内容，比如童话，他们在阅读时就会有参与感，他们也喜欢通过反复阅读强化这种参与感。

第三，家长在陪同孩子读书的过程中，可以留出空间，让孩子参与进来。你可以让孩子回答些问题，比如，说出故事中某个动物的名字，人物唱的歌曲是什么名字；还可以让孩子加入这个故事中，让他来做故事的主角。

在孩子小的时候，家长要让他把书看成玩具，把阅读当成好玩的事情，当他体会到其中的趣味，他自然而然就会爱上书籍，爱上阅读。家长切记不要为了功利性学习而让孩子阅读，千万不能有逼迫孩子的行为，那样会让孩子有厌烦感。

问题 7　孩子考试时容易发挥失常

一位家长说自己上高一的孩子平时学习成绩不错，也很上进，但是一到考试就发挥失常，这也影响了全家的情绪——每次考试全家都跟着孩子一起紧张，生怕孩子发挥不好。

下面我们就来分析一下，为什么孩子考试容易发挥失常。我们曾经反复地强调，学习成绩等于学习心态乘以学习方法。如果孩子总是在考试出现失误，家长可以从以下三个方面帮助孩子找找原因。

第一个方面，孩子在考前和考中的情绪和心态会影响孩子的发挥。很多孩子会在考前通过大量的练习进行复习，很容易出现精神紧张的情况。孩子在考前高强度复习可能会造成用脑过度、睡眠不足，再加上精神紧张，会使大脑产生保护性抑制作用，这就很容易在考试时发挥失常。

把考试和结果都看得特别重的孩子，在考试中遇到陌生的题目时会慌乱、焦躁不安，容易在较短时间内失去耐心，很难继续镇定地答题。而在遇到简单的题目时，由于情绪不稳定，他们也容易在一些比较容易的步骤丢分。

如果是心态导致孩子考试失利，家长可以多与孩子进行沟通，改变孩子对考试和成绩的认识。人的情绪是由人对事物的认识引起的，认识是情绪产生的基础。只有当孩子认为考得好是一件好事，考得不好也是一件好事（因为可以从中发现自己的不足，可以查缺补漏，让自己更上一层楼）的时候，才不会焦虑、紧张、不安，就可以在考试中正常发挥。

第二个方面，学习方法出现了问题。很多孩子在考试时即使遇到曾经做错并改正过的题也很难做对。这是因为在老师讲过错题时，孩子可能听懂了并且改正了，就认为自己学会了。然而孩子并不知道错题也需要反复地回顾和练习，听懂了并不等于掌握了。翟海霞老师讲的学习的四层楼——听懂了、理解了、学会了、掌握了，对孩子形成正确的学习认知很有帮助。

第三个方面，对知识掌握得不够熟练。孩子对知识掌握得不够熟练，这也是可以通过改进学习方法来解决的。一般来说，大型考试的知识点难度比例（由易到难）都在 5∶3∶2，80% 的题目都是基础的知识和常见的题型，难度适中。如果孩子基础扎实，对这

80%的题目答得很顺利，就会大大减少紧张的概率。

如何熟练地掌握知识？练习需要一定数量的习题。在做题的过程中对考点知识和解题策略的融会贯通，加深自己对知识的掌握程度。

此外，如果孩子缺乏对考试时间的合理安排，也会影响考试成绩。比如，在考试中，有的孩子在考试前半段答题慢，后面答题快；有的孩子在考试前半段答题快，后面答题慢。出现这一现象的主要原因是孩子平时没有把写作业当成考试，写作业前不复习，写的时候一边翻书一边写答案，没有记录时间，没有养成良好的习惯。

讲到这里家长就很清楚了，孩子考试失利，无非就是学习能力和学习心态的问题。如果是心态的问题，家长就要多学习与孩子沟通的技巧，改变孩子对考试的认识，缓解其焦虑、紧张的情绪。如果家长想检验孩子的学习方法是否存在问题，可以向老师咨询，或让孩子去做有关学习方法的测评，找出漏洞，帮助孩子提升。

问题 8　孩子厌学

一位家长说自己的孩子每天回家后，不是看电视就是玩手机，反正不学习。只要不让他学习，让他干什么都行。这位家长问，面对孩子不学习的情况，家长该怎么办？

这位家长描述的现象是很多孩子厌学后常常出现的行为。孩子厌学通常有一个发展过程和一些明显的表现：孩子在轻度厌学阶段的表现，如上课注意力不集中；不愿意写课后作业，即家长看着写的情况下也会敷衍了事等。

到了中度厌学阶段，孩子就会将厌学的行动升级，比如经常逃课，想方设法逃避学习；总想让家长帮忙请假，不想面对学校老师、同学。

到了重度厌学阶段，孩子会将学习中的问题夸大，对学习产生恐惧、极度自卑等心理。有很多孩子甚至一到学校就产生一些躯体化反应，严重者还会辍学。

有同样问题的家长可以对照查看孩子已经到什么阶段了。对照后，我们要请家长认真思考一个问题：是什么原因导致孩子一步一步走上厌学之路的？孩子天生就爱学习——从学习爬行、走路、说话，到学习各种生活技能，都不畏困难。因为学习是人的本能。为什么孩子长大后就讨厌学习，没有学习动力了呢？其实根本原因就是孩子曾经在学习上受过伤害，在学习上没有成就感。

我看过一个故事。有人问智者：我心中有两匹狼一直在争斗，一匹狼凶恶，另一匹狼友善。您觉得哪匹狼会赢呢？智者给出的答案是自己喂养的那匹狼会赢。

同样，孩子面对学习时，心中也有两种力量：一种是逃避学习的力量，因为孩子总会在学习中遇见困难；另一种是想要学习的力量。这两种力量哪一种会赢？取决于家长在孩子成长的过程中，看到了哪种力量，强化了哪种力量。哪种力量得到了强化，哪种力量就会生长，就会赢。如果孩子现在厌学了，就说明家长一定做过打击孩子学习积极性的事情。

家长的哪些行为可能导致孩子厌学？

第一种，家长对孩子的期望值过高。大多数家长都望子成龙、盼女成凤，这种心情是可以理解的。然而，家长如果没有考虑到孩子本身的特点和能力，一味地定高标准，对孩子提出不恰当的、过分的要求，一旦孩子无法达到家长的期望，就会影响孩子做事情的动力。如果家长总是根据自己的主观标准给孩子的成绩定目标，就会给孩子带来巨大的心理压力，也会造成孩子在学习上的焦虑感和挫折感，抑制孩子的潜能，减少他们对学习的兴趣。

第二种，孩子在学习中得到的负面评价过多。家长总是把关注点过多地放在孩子的成绩上，当孩子成绩不如人意的时候，家长经常用成绩好的孩子做对比，来批评自己的孩子。同时，家长的心情也会随着孩子的成绩上下起伏。久而久之，随着学习上的负面信息不断增加，孩子就真的认为自己不适合学习，以致讨厌学习，没有学习的动力了。

第三种，孩子自身学习能力不足。孩子的学习方法不当，导致其一直处于苦学的状态，一旦付出了很多，但是又没有得到自己想要的结果，他们往往会变得很沮丧，势必直接影响他们的学习动力和学习成绩。

讲到这里，家长就清楚了孩子厌学的原因：并不是孩子不喜欢学习，而是在学习的过程中，家长给孩子灌输了太多负面的情绪，打击了孩子的学习动力，家长也没有在学习方法上给予孩子有效的帮助。因此，家长要根据孩子的实际情况，做出改变或调整。家长改变一分，孩子就会改变十分，久而久之，孩子自然会越来越好。

问题 9　孩子遇到难题就退缩

一位家长说，他家的孩子在学习上没自信，遇到难题就不做了，每次让他自己尝试，他都选择放弃。家长认为，孩子太懦弱了。

这样的孩子并不是懦弱，也不是不努力，而是他长时间在学习上付出很多不正确的努力，以致遭受了许多次失败，最终变得习得性无助。

习得性无助是美国心理学家塞利格曼提出的一个概念。他用狗做了一项经典的实验。他先把狗关在笼子里，在按响蜂鸣器的同时，给狗电击，狗无法逃避电击只能忍受。几次之后，他又按响蜂鸣器，并把笼门打开，此时狗不但不逃，还在没有被电击的情况下就开始倒地，并呻吟和颤抖。

本来可以采取行动避免不好的结果，却选择相信痛苦一定会到来，放弃任何反抗，这就是习得性无助。

一些孩子是这样体现习得性无助的：孩子在学习上遇到困难，尝试了很多办法，但是基本以失败告终，而家长在这一过程中没有给孩子有效的疏导，失败带来的负面阴影永远留在孩子脑中，他没有勇气再次尝试，再去突破，也无法相信自己，因此才会在遇到难题时觉得自己不行，只能求助于老师。这样的孩子面对挑战任务时，往往还没尝试，就已经被消极的想法和焦虑击倒了。

家长怎样帮助孩子呢？最直接的办法是让孩子体验成功。

在这一过程中，家长要做啦啦队员而不是裁判员。

我女儿上了初中，几乎每一门课成绩都是拔尖的，唯有数学一直不好。我帮她做了卷面分析，根据她的实际水平，帮她分析应该从哪里补起。我找了新学期第一课的练习题，让她从最简单的做起，告诉她做对一道题就比一个

> "耶"的手势给自己打气,我也会及时地表扬她。
>
> 慢慢地,她在做题的过程中形成了习惯——每做对一道就给自己比一个非常漂亮的手势,她开始找到了成功的感觉。简单的题目做得越来越顺畅后,我就会让她做一些稍微有难度的题。这样坚持一段时间,她的自信心得到了极大的提升。
>
> 当她面对一道难题时,她的内心反应是"我能够战胜它",而不是想着"数学太难了,我做不出来"。愿意用"我太棒了""我能够战胜这些难题""我愿意用战胜这些难题的心态去学习"这些话语鼓励自己,就意味着孩子有了学习的动力,战胜了退缩的心。

在这里我要提醒各位家长,帮助孩子克服其内心的恐惧是需要一些时间的,然而很多家长恰恰缺乏耐心,越是急躁,对孩子越是打击,孩子就越觉得挫败,越难重拾信心。

没有哪个孩子不想在生活中扬眉吐气,没有哪个孩子不想在学校里成为优秀学生,只是孩子觉得自己没有能力实现,家长要负一定的责任。家长掌握了正确的教育观念,才能更好地帮助孩子。

问题 10　孩子发展不均衡

一位家长和我讲了他的困惑。他有一对龙凤胎，姐姐各科学习成绩都特别好，发展均衡；弟弟学习一般，每次写作业都很慢，但是弟弟对数字很敏感，数学成绩还不错，运动细胞挺发达，体育成绩还可以。他问，怎么才能让弟弟像姐姐一样做到均衡发展？

我当时就建议这位焦急的家长去看《觉醒父母：教育子女的8大智慧》这本书和配套视频，让他了解到孩子的八大智能其实是先后被开发的。我之前在"你是合格的家长吗"的课程中也提到过，今天在这里为大家详细讲解一下。

20 世纪 80 年代，美国著名发展心理学家、哈佛大学教授霍华德·加德纳博士提出多元智能理论，指出人类的智能是多元化而非单一的，主要由语言智能、数理逻辑智能、空间智能、身体运动智能、音乐智能、人际智能、自我认知智能、自然认知智能八项组成，每个人都拥有不同的智能优势组合。

语言智能是指人听、说、读、写的能力，表现为个人能够顺利而高效地利用语言描述事件、表达思想、与人交流。

数理逻辑智能是指运算和推理的能力。这一智能强的人对事物间的各种关系，如类比、对比、因果和逻辑等较为敏感，尤其擅长数理运算和逻辑推理。

空间智能是指感受、辨别、记忆和改变物体空间关系的能力，以及借此表达思想和情感的能力。这一智能强人对线条、形状、结构、色彩和空间关系比较敏感，擅长通过平面图形和立体造型将它们表现出来。

身体运动智能是指运用四肢和躯干的能力，表现为更好地控制自己的身体，对事件能够做出恰当的身体反应以及善于利用身体语言来表达自己的思想和情感。

音乐智能是指感受、辨别、记忆、改变和表达音乐的能力，表现为个人对音乐节奏、音调、音色、旋律的敏感性，以及通过作曲、演奏和歌唱等表达情感。

人际智能是指能够很好地理解别人并与人交往的能力。这类人善于觉察他人的情绪、情感，体会他人的感觉、感受，辨别不同人际关系的暗示，以及具有对这些暗示做出适当反应的能力。

自我认知智能是指认识、洞察和反省自身的能力，表现为能够正确地意识到和评价自身的情绪、动机、欲望、个性、意志，并在此基础上形成自尊、自律、自制力。

自然认知智能是指善于观察自然界中的各种事物，对物体进行辨认和分类的能力。自然认知智能突出的人有强烈的好奇心和求知欲、敏锐的观察能力，能了解各种事物细微的差别。

这八种智能独立而平等，是先后被开发的。比如，有的孩子对数字特别敏感，对解题特别感兴趣，其数理逻辑智能比较发达；有的孩子对解字谜特别感兴趣，对于优美的句子记得特别牢，爱读好文章，喜欢讲故事，其语言智能比较发达；还有的孩子身体协调性、柔韧性比较好，善于表演或者运动，他们其身体运动智能比较发达。

案例中的弟弟就是身体运动智能和数理逻辑智能先被开发，家长需要鼓励和赞赏，逐渐建立其兴趣，挖掘其潜能，从而开发出其他的智能。家长必须了解孩子，这是教育和培养孩子的前提。只有了解孩子，才有可能进行成功的教育。而找到孩子智能的最佳点，把长处扩大增强，孩子的潜能自然而然就被开发出来。

所以，真正的教育是顺势而为的教育，需要家长发现孩子的优势。这个优势就是孩子的核心竞争力，这也是孩子自信心的来源。每个孩子都是一座宝藏，请各位家长开启寻宝之旅吧！我相信在这个过程中，你的收获会超出你的想象。

问题 11　孩子幼小衔接没做好

孩子从幼儿园到小学是一个重要的过渡时期。有的家长认为，幼小衔接只是孩子教育经历中的一个普通阶段，没有必要那么重视。真的是这样吗？我们先来看一下从幼儿园到小学，孩子将会面临哪些变化。

第一个是学习内容和学习方式的变化。学习内容会从具体的生活内容变为抽象的科学内容，学习方式从游戏为主的活动，变为以符号为媒介的学习。你会发现幼儿园孩子的学习还是以玩为主，大多数时间他们在一起朗读、运动、做游戏。

这在一些采用蒙氏教学的幼儿园中尤为明显。蒙氏教学的一个非常重要的特征就是尊重孩子的天性。比如，很多孩子在玩玩具时，老师是不去打扰他的，要等他玩够了，主动放下了玩具，这个过程才算结束。

可是进入小学就不一样了。小学的时间划分非常清晰，最明显的特征就是每一节课都有上课铃、下课铃，刚进入小学的孩子可能不太适应这种节奏。一节一节的课程把时间割裂了，使得孩子的心理体验和以前有所不同。

第二个是孩子扮演的角色发生了变化。幼儿园主要是保证孩子的安全，以尊重孩子的天性为主，孩子无须进行知识的学习。而上了小学以后，就进入了义务教育时期，老师更侧重对孩子知识的教育，家长对孩子的学习的态度也有了很大的转变，对成绩有了很大的期待。此外，孩子的作息时间也从宽松转变成相对紧凑。老师和学校对于时间的严格要求,需要孩子把时间观念建立起来。孩子们在这些变化中,逐渐从基本没有压力的小朋友变成了承载更多期望的小学生。

如何做好幼小衔接,让孩子从幼儿园向小学平稳过渡,是家长和孩子需要共同面对的问题。家长作为家庭教育的主要力量,只要调整好心态,正确看待这一问题,并且采取适宜的策略,就是对孩子最好的支持。家长怎么才能帮助孩子平稳地度过幼小衔接这一阶段呢?

第一,理解并接纳孩子从幼儿园升入小学的所有过渡表现。在这一阶段,很多孩子会感到不适应。家长不要因为孩子起不来床、上课总有小动作、常常忘记带课本、不能回家及时写作业等行为和孩子发脾气,甚至责骂孩子。家长要给孩子一个过渡时间,减少孩子对新生活、新习惯的不适、畏惧甚至厌恶的心理。家长要有耐心,多鼓励孩子,多和孩子沟通学校的事情,扮演好倾听者的角色,让孩子感受到家长的温暖和信赖。家长的理解和尊重,会让孩子更好地形成独立的人格。

第二,培养孩子的自理能力。幼小衔接阶段实际上也是孩子从智力发育期向习惯养成期的重要转折时期,家长要开始注重孩子习惯的培养。在幼儿园里,孩子的生活都有统一的安排,不论是进餐、喝水还是上厕所,都会有老师提醒。进入小学之后,这些事情都需要孩子自己安排，同时孩子还要做好自己的物品管理工作。

因此，家长要开始有意识地关注孩子各种习惯的建立和自理能力的培养。比如，自己整理衣服、换衣服，合理地安排自己的时间等。家长不要事事操办，要让孩子学会自己的事情自己做。孩子做得越多，经验就会越多，自理能力会相应增加，自信心也会逐渐增强。

第三，重视孩子与他人良好互动的能力。孩子如果有良好的适应能力，能够积极地适应环境，协调好自己与他人、集体的关系，正确处理好人际关系，就一定会平稳地度过幼小衔接阶段。家长要在日常生活中营造好的家庭氛围，积极回应孩子的需求，让孩子感受到被理解和被尊重；要重视孩子和他人的互动交往，多给孩子创造和小伙伴的交往环境，开始给孩子建立规则和底线意识。

第四，让孩子对小学生活充满期待。家长要调整心态，升入小学是孩子长大的表现，家长应尽量多肯定、多支持孩子，避免用消极的情绪吓唬孩子，比如，在学习上责骂孩子——这么简单的题你都不会，指责孩子不听话等，这些行为会让孩子感受到压力，从而不喜欢小学生活。

家长要提前带孩子适应小学的作息时间，提前带孩子认识要进入的小学，这样容易帮孩子了解小学生活的节奏，让孩子感到安全和自信。此外，家长也可以和孩子聊聊自己小学时的趣事，让孩子多些期待。家长还可以给孩子举行一个幼儿园毕业仪式，给孩子写一封成长的祝贺信,给孩子准备一个新书包……这些行为都可以让孩子感受到进入小学的仪式感。

当家长帮助孩子做好身心准备时,孩子也就慢慢适应了。度过幼小衔接阶段就不再是一个难题,而是孩子更好地成长的开始。

问题 12　孩子课外兴趣班时间冲突

一位家长问我,孩子参加的各种课外兴趣班在时间上有冲突怎么办。他既不希望耽误培养孩子的兴趣,又焦虑孩子没有时间参加读书会,锻炼不了孩子的综合能力。

其实这是一道简单的选择题。然而就是这样一道选择题引起了家长的焦虑。主要的原因是家长的贪心——什么都想要,什么都不想舍掉。当家长知道哪个对孩子影响更深远时,就会自然而然地做出选择。

我们先看一下家长做这两件事情的目的是什么。

让孩子上兴趣班是希望培养孩子广泛的兴趣,提高其综合素质;参加读书会是希望孩子在演讲口才、自信等自身能力和认识上有突破,也是在孩子的素质上下功夫。

我们经常讲一句话：磨刀不误砍柴工。家长要清楚让孩子上兴趣班的目的是丰富他们的业余生活，培养他们的兴趣，提高他们的综合素质。如果家长让孩子参加兴趣班只是盲目跟风，目的并不明确，即使孩子参加再多的兴趣班，也只是低水平、低效率的重复，长此以往，孩子会产生反感的情绪。

家长想培养出优秀的孩子，就要在他的各方面下功夫。比如，孩子能在读书会众人面前发言，他就会有勇气，懂得沟通，建立自信。如果孩子能经常去参加读书会，听各学科老师、各行业家长的分享，他就会拥有高于同龄人的视野。如果他能在读书会中扮演活动策划者的角色，他的领导潜能就会被激发出来，将来很有可能会成为一个领导者，走到哪里都会展现出他的风采。

问题 13　孩子总是因为粗心丢分

一位家长留言说，他的孩子学习还不错，但每次考试总是因为粗心丢分。孩子也意识到了这个问题，却总是无法避免。如何解决这一问题呢？

各位家长要思考一下，为什么孩子会粗心？孩子的粗心暴露了哪些问题呢？

大部分孩子粗心，反映的是对知识的熟练度不高。成年人做小学一年级的计算题会觉得非常简单，答案能脱口而出，这就是因为我们练得多了。我们去菜市场买菜，有的摊主年龄很大，他们用着老式的台秤称出菜的重量，能很快地算出价格。即使同时有好几个人买不同的菜，他们也不会算错账。为什么他们文化程度不高，却能计算得如此之快，如此准确？答案是经过积年累月的计算，熟能生巧，他的计算能力变强了。

学生反复接触一道题目六次以上，才会熟悉解法并且产生记忆。很多孩子在考试的时候把题目算错了，但是过后再算一遍就能算对。家长以为这是粗心导致的，其实是孩子对知识点不够熟悉。孩子不熟悉某个知识点，对它不够确定，或者没有掌握，在考试的时候才会出现失误。还有一种情况是孩子认为自己是会做这些题目的——平时做对过，在考试时却做错了。本质上还是孩子对知识点不够熟悉，掌握得不够牢固。

孩子可能在平时接触过一两次同类型的习题，头脑中有一个模糊的概念，但是概念的细节是什么，并未深究。考试时间有限，压力又很大，孩子就会因为不确定、犹豫而丢分。

如果孩子是这种情况的话，我建议家长带孩子仔细检查学习程序和学习漏洞，让孩子养成康奈尔笔记法的记录习惯，在平时的学习中记录好重点、难点、薄弱点和混淆点,这样在考试的时候才不会丢不必要的分数,从而提升学习效率,提高学习成绩。

有些孩子粗心是学习习惯造成的。这些孩子写作业时态度不认真,草稿乱涂乱画没有顺序,做题总是喜欢省略步骤,写完作业也不检查。此外,还有一些孩子没有养成良好的书写习惯等。这些不正确的习惯都会导致孩子在考试中丢分。

面对这样的情况,我建议家长帮孩子规范学习习惯。比如,让孩子把每次作业当成考试来做,并在规定时间完成,如果提前完成,可以检查一下;在做作业时把不会的、不确定的习题标出来,带着疑问,认真听老师的讲解,这样孩子听课会更有效果;听懂后把不会的习题整理到错题本上,反复做几遍,巩固加强;做题时草稿纸也要标上序号,方便查找。

孩子养成正确的学习习惯,才是有效学习的开始。如果使用过上述方法,孩子还是很粗心,就说明孩子的意识需要调整。很多孩子并不觉得粗心是很严重的问题,但是这在学习和考试中很吃亏,他们读书也付出了很多努力,结果因为细节不完善,导致损失非常大。

至于为什么孩子不认为粗心是个严重的问题,我想也有家长错误认知的影响。一位家长对我说,他的孩子成绩都很不错,只不过有时候粗心,所以考试考得不太好。这时,我注意到他孩子的表情——得意扬扬、沾沾自喜,仿佛在说:"你看,我其实很优秀的,就是有点粗心。如果不粗心的话，也能考前几名。"

为什么很多家长喜欢讲这句话？因为他们有时候跟亲戚朋友聊天的时候，觉得如果孩子成绩不好，自己会很没有面子，所以他们讲孩子又是粗心，以挽回一点面子。

粗心是孩子失败后最容易被原谅的借口。其实不光有家长经常讲孩子就是粗心，老师也经常说"你的孩子其实很优秀，就是粗心了一点儿"，潜台词都是在原谅孩子。粗心经常被原谅，孩子也就不够重视，导致粗心延续下去了。家长对此必须予以重视，要告诉孩子，粗心就是水平不够，一定要改掉粗心的毛病。

强者总是用结果在证明自己的强大，而弱者总是用借口来掩盖自己内心的懦弱。当孩子真正地意识到粗心是一个严重的问题，同时克服它、战胜它，他的成绩自然而然会上升，他的良好习惯也会得到强化。

问题 14　孩子努力了，学习成绩却不理想

不少孩子会问：为什么我天天那么努力地学习，拼命地刷各种习题、各种试卷，学习成绩还是上不去呢？为什么班上的×××

贪玩又不爱学习,没有我努力,成绩却比我好很多?家长们也有类似的疑问:为什么许多很努力的孩子在小学成绩领先,上了中学之后,依然勤奋刻苦,却再看不到效果,成绩平平呢?是不是孩子还不够努力?

我想对有这样想法的孩子说,你可能分秒必争,把白天到晚上的每一段时间都安排得非常紧凑,甚至大半夜还在熬夜刷题。但是你想过没有,这样长久下去的结果是什么?可能你的学习时间越来越长,你的休息时间越来越短,你的学习效率越来越低下,你的情绪越来越焦躁,甚至开始害怕作业总是写不完,害怕你的努力得不到相应的回报。所以,请你记住:远离低质量的勤奋,因为那比懒惰更可怕!并不是所有的勤奋努力都会有回报,关键是看最终所取得的结果。没有效率的勤奋,对学习是没有帮助的。

低质量的勤奋只是伪装起来的懒惰。很多学生用看似勤奋的行为掩盖着懒惰的本质,低质量的勤奋,实际上就是在用战术上的勤奋来掩盖战略上的懒惰。表面上看起来很刻苦,实际上刻意回避了真正需要解决的问题,以及放弃了学习当中最有价值的部分。

举个例子,从晚饭过后到晚上 9 点,孩子可能给自己安排了背单词、公式、定理、诗词,却没有时间思考哪些是自己没有掌握的、哪些是做了无用功的。很多孩子一遍遍地刷卷子,永远只做自己熟悉的和会做的题目,不会做的从来不做,也不知道他们何年何月才去问老师，或者去和同学们探讨，把不懂的知识点弄会。还有很多孩子查阅了许多教辅图书排行榜，学霸笔记、教材详解、五年中考三年模拟……一个也不舍得放过，但从来没有细细地品味这些教辅图书里面经典例题的详解，更别说逐一消化了。整天只知道忙忙碌碌地学习的人，事实上可能只是处于毫无效率的忙碌状态。如果你也是这种情况，那你可以停下你的勤奋了。

在勤奋之前，你需要先思考一下，你真的了解自己的学习状况吗？你的弱科是什么，强科是什么？你强科当中的薄弱之处是什么？你有哪些不好的学习习惯？你目前在学习当中存在哪些问题？有哪些问题是急需解决的？……这些问题你都想清楚了吗？

努力和勤奋，一定要用对地方、用对方法。时间并不是衡量勤奋的标准，这个世界上最笨的努力就是没有效率的勤奋，勤奋的前提是效率。

很多人会热衷于表现自己的勤奋。他们一方面是想在心理上为自己逃避深度思考找理由，另一方面是受整个社会都喜欢传递"长时间学习很了不起"的思想的影响。其实学习多长时间不应该是衡量勤奋的标准，归根结底还是要看孩子是不是真的学进去了。比如，每天让一个孩子花十几个小时去学习，一边勤奋地拒绝玩耍、打闹，一边懒惰地刷着毫无意义的题目，结果成绩没有提升，生活也不快乐。

到底怎样做才算是真正的勤奋呢？

第一步，重新审视自己的学习思维模型。我经常在能量智慧课的开篇讲一段话：学习的目的应该是追求更好的思维模型，而不是更多的知识；在落后的模型里，即使加入更多的信息量，也只是低水平地重复。同样，如果学习方法出现了问题，我们不去做改变，刷再多的题，也只是徒劳。

比如，孩子如果没有整理错题的习惯，那么他永远都在做会的题，遇到不会的题他依然会一遍遍地做错。如果孩子没有课前预习的习惯，那么他的学习效率就要比有预习习惯的孩子低。建议家长和孩子掌握正确的学习程序，这样才能逐渐摆脱低效率勤奋。

第二步，计划和执行。要让一个小时的计划和执行抵得上五个小时的计划和执行，一笔一画写出来的计划更令自己有想要执行的欲望。孩子可以把每一天待办的事情写下来，并把它放在醒目的位置，时刻提醒自己按照计划去完成学习清单。完成之后，要定期复盘，回想一下自己的整个学习程序是否有得到提升的地方。例如，自己早上背单词可能效率更高，那么就在早自习背单词。再如，自己可能很难坚持预习的习惯，可以找一个小伙伴一起执行，每科课程前要做好预习，相互提醒、相互支持。孩子不断地在细节中改进自己的学习习惯和计划，久而久之就会找到一套更适合自己的学习方法。

学习篇

我相信，做到了真正的勤奋，孩子的努力会事半功倍，轻轻松松获得好成绩。

问题 15　假期结束后，孩子不想去上学

一位家长留言说，学校的开学时间已经定了，可是孩子不想上学，以往也有这样的情况。该家长认为，孩子的这种行为就是厌学。

孩子在开学之初出现不想上学的情绪是很正常的。就连成年人在度过一个轻松愉快的假期后，再上班时也会有一些不适应，也要逐渐进入状态。如果孩子出现很强烈的反抗情绪的话，我们还是要分析一下孩子不愿意去上学的原因，以便更好地帮助孩子。

一般来说，孩子在开学前出现焦虑情绪，可能是由以下几种因素造成的。

第一种，作业没有完成，怕受到老师和家长的责罚。有家长对我讲过，孩子刚开学就被老师撵回来了，原因是没写完假期作业。孩子尽管用了一周的时间补完了作业，却不敢回去上学——觉得没面子。在家长和老师共同沟通后，孩子才回到学校。面对这种情况，家长一定要和孩子制订假期计划，尤其对于年纪较小、不会管

理时间的孩子，家长一定要和孩子一起制定作息学习时间表，做到玩得有度、学得轻松、按时作息，并且督促孩子完成假期作业，孩子才能从容开启新学期的学习。

第二种，紧张的人际关系。例如，孩子和同学闹了矛盾，遭遇了校园暴力，由于学习成绩和个性而在班级里不受欢迎等。这些问题均会因为放假而搁置起来，但是并没有得到解决。随着新学期的来临，问题重新摆在孩子的面前，让孩子有很大的心理压力，恐慌不安。

如果是这种情况，家长一定要找到孩子人际关系紧张的原因。家长可以学习我的"戴东说课程——如何让孩子成为一个受欢迎的人"，里面有很多方法。家长可以和孩子一起找到问题的根源，尝试改变，尝试突破，让孩子融入集体。

第三种，压力增加。开学对有些孩子来说意味着要面临巨大的学习压力——家长的天天监督、老师的说教、各学科的作业……各种压力纷至沓来，会让孩子有恐惧、焦虑的情绪。当孩子因为这一原因不想去上学时，家长必须重视——这是孩子发出的一个厌学信号，这不是一个现阶段的行为，而是积累了很久要爆发的情绪，他的内心已经充满了压力。如果家长不能帮助孩子及时调整的话，孩子在学业上迟早会出现问题。

家长此刻要做一个测评：看看自己是不是一名合格的家长，看看问题出在哪里。要积极学习改变自己的行为，给孩子正面的支持，而不是负面的暗示和压力。家庭环境改变了，孩子会慢慢地轻松下来，心理压力得到缓解，才不会耽误学习。

第四种，作息不规律、玩心太大。孩子的假期时间安排得过于松散，很多孩子昼夜颠倒地打游戏、出去玩，沉迷于手机、网络，当开学需要进入规律生活的时候，孩子不能很快地调整心态，必然对学校和学习产生焦虑和恐惧情绪。

家长必须要清楚这是累积形成的结果：第一，孩子没有良好的学习习惯；第二，孩子对学习的兴趣不足；第三，孩子的学习动力出现问题。孩子知道学习是他的主要任务，但是他无法收心，主要是没有在学习上找到乐趣、目标感和责任感。

面对这样的情况，家长要帮孩子建立学习的信心和激发学习兴趣。在开学初期，家长一定要留给孩子一段缓冲时间，多和孩子交流在学校里开心、快乐的事情，多关注孩子的心理感受。这样，孩子就会很快再次适应学校生活。

问题 16　家长盲目夸赞孩子聪明

我们常常听到很多家长在教育孩子的时候这样说："你很聪明，

就是不努力。""你这么聪明，想做的话，肯定就能做到。""你很聪明，就是太不认真了。"……家长说这些话原本是想督促孩子学习进步，效果却微乎其微，甚至会产生副作用——孩子对家长夸自己聪明这件事印象更深刻，甚至有点儿沾沾自喜，而往往忽视了后半句：他还需要努力。

孩子听了这些话可能会有两种反应。

第一种反应是仗着自己聪明，就懒得努力了。他们一听家长夸自己聪明就盲目自信，觉得自己是聪明人，只要肯学习，就能很快有所突破。他们还认为，只要自己愿意，超过那些"不够聪明"的人，是一件很容易的事。于是，他们变得松懈懒惰，迟迟不把行动提上日程。如果长时间停留在这样的状态，学习成绩自然会下降，还会形成懒散的坏习惯。

第二种反应是轻视努力，甚至开始瞧不起那些刻苦努力的同学，认为他们不过是因为拼命努力成绩才好的，根本算不了什么，不努力才有面子。他们会想"我现在根本没有用全力，只要我想，别说用全力，就算稍稍用点力，我就会超过那些刻苦的学生"。这也会造成孩子的错误学习心态。

时间长了他们才会察觉：成绩追起来没有那么容易，习惯改起来也没那么容易。但是为了维持自己聪明的形象，他们也不敢特别刻苦，不敢让别人看到自己在努力学习，因为他们担心，一旦努力了，学习成绩还是上不去，所有人都会觉得自己没有那么聪明。

而且这样的孩子长大后往往会变得自负、自卑——小时候听多了夸奖，觉得自己确实挺聪明，会觉得自己比其他人有天赋，结果常常因为做不出什么成绩、没有出人头地而感到很自卑。

所以别对孩子说"你这么聪明，就是不努力"之类的话。家长要从实际出发，帮孩子认清自己，明白学习的本质，要让他清楚后天的努力和志向是很重要的。

> 有一个小男孩被妈妈送去踢足球，但是他的基础很不好，总是不进球。他很沮丧，逐渐失去了信心，回家之后闷闷不乐。妈妈鼓励他："你之前根本不会头球，现在居然做到了！"孩子听完妈妈的话很开心，立刻跑出去练习头球了。
>
> 由于这个孩子是团队里面基础最差的，没过几天他又想放弃了。妈妈对他说："你前两天总是跟不上团队的速度，现在都可以帮他们传球了。"就这样，孩子在妈妈不断的肯定和鼓励下坚持练习，在一场关键的比赛中，他努力和队友配合，传出了许多好球，自己也进球了。

故事中的妈妈很有智慧，她所有的鼓励和夸赞都是围绕着孩子学球、练球的实际情况发生的，而不是单纯夸孩子有天赋，能踢好球。

可以帮助孩子的夸奖方式是夸赞孩子做事的过程，改变孩子的思维模式，建立孩子的成长模型。

首先，家长可以从心态和毅力两个方面出发，尽可能地夸奖孩子的付出。比如，你这道题做得很好，每个运算步骤都写得很清晰，考试就不会丢分，也方便自己检查。再如，昨天你背了10个单词，今天用同样的时间背了12个单词，看来你的学习效率提高了。家长要在孩子学习的过程中看到他的努力，平衡孩子心中聪明和努力的地位。

其次，培养孩子谦虚、好学的态度。很多聪明的孩子在学习上会自以为是，以为自己听懂了老师的讲解，就代表自己完全掌握了这一知识。面对这种情况，家长要引导孩子静下心来，深入学习，可以在自己做完作业的基础上，帮助其他同学掌握知识点，思考同样一道题是否还有其他的解法……这些方式在让孩子加深对知识的理解的同时，还能让孩子向他人虚心求教。

最后，明确目标，鼓励孩子坚持。学习是一个长期的过程，让孩子坚持下去才是重点。家长可以对学习目标进行分解，鼓励孩子从完成小目标开始。比如从听完一整节课，到学习一个上午，逐渐地扩大目标，不断提升孩子的学习能力和毅力，为孩子埋下坚持和自律的种子。

家长不要再盲目赞扬孩子有天赋，让孩子活在"我很聪明"的臆想世界里面，坚持和努力才是更加珍贵的品质。与其盼望着孩子的聪明发挥作用，不如从现在开始帮助孩子养成良好的学习习惯，培养正确的思维模式，让他成为真正的聪明人。

问题 17　老师经常向家长"告状"

一位家长跟随我们学习已经有半年的时间了，他的孩子在参加青少年训练营之后变化特别大，从原来天天打架差点儿被学校开除，到现在基本不打架，在开学时还受到老师的表扬。但孩子还是玩心太重，总喜欢在课堂上说话、看小说、玩手机，老师隔三岔五就向家长打电话反映情况，导致该家长一听见电话铃声就紧张，生怕是老师打来的。这位家长特别想告诉老师，需要给孩子一段慢慢调整的时间，毕竟孩子已经有了很大的变化，习惯的问题要慢慢解决，但是和老师通话时又不敢多说。

其实，很多家长都很害怕接到老师打来的"告状"电话。老师打电话向家长反映孩子的问题，家长应该如何与老师建立有效、良性的沟通，从而实现家校合育，共同促进孩子的成长呢？

我们建议家长首先做好两件事。第一件事：理解和接纳。老师打电话来，多半会带着情绪描述孩子在学校的种种不良表现，比如孩子不遵守课堂纪律、不做课间操等，家长首先要接纳老师的情绪，并且要有积极承担责任的态度。

"我们家孩子不可能这样"，或者质问老师等做法，都是不可取的。家长要耐心听完老师的描述，然后配合和支持老师教育孩子的工作，和老师交流孩子现阶段的问题和情况，商量孩子问题的解决方案，一起为孩子的成长做努力。

第二件事：人、事分开。在听完老师的"控诉"之后，家长很容易做的就是批评、斥责孩子，将在老师那里接收到的情绪又一股脑地抛给孩子，这样只会加深老师和孩子之间的矛盾。家长在和孩子交流的时候，一定要把人和事情分开，不要带着发泄情绪的方式去教育孩子，这样不仅不会解决问题，反而会制造更多的问题。家长要学会用提醒的艺术，和孩子建立正向的沟通，解决孩子的问题。家长理解、接纳了孩子，可以让他认识到自己的错误。这样做既保护了孩子的自尊心，又尊重了老师，问题也就很容易得到解决。

我还要提醒各位家长，在和老师沟通的过程中，你能理解和接纳老师的情绪，并且可以站在老师的立场想问题，成为一个责任承担者时，问题就已经解决了一半，这样当你希望老师协助配合，对孩子加以正确引导时，就会容易很多。

问题 18　孩子拒绝上课外兴趣班

很多家长在学完艺博的课程后收获颇丰，希望孩子也能参加艺博的少年课程，就为孩子报了相关课程，但是孩子不愿意参加。也有一些家长反映，自己给孩子报了课外兴趣班，但孩子就是不愿意参加，并且和家长发生矛盾。

在以往的训练营中，也有家长为了让孩子参加活动而想尽各种办法。我曾经多次在少年训练营开营第一天问孩子"被家长忽悠进来的举手"，有不少孩子举手；"被家长逼迫来的举手"，又一堆孩子举手。总之，自愿来的孩子占极少数。

很多家长总是强迫孩子去参加各种各样的活动，孩子一听到家长给报班就非常反感和抵触。其实，孩子反感的不是活动本身，而是家长错误的沟通方式。

家长怕孩子不参加活动，就会骗孩子。比如，家长告诉孩子这是旅游的活动，结果孩子一看是培训，就直接不进营、不参训。家长这些误导方式会导致孩子不信任家长，再有类似活动的时候孩子会直接拒绝。

还有的家长在和孩子沟通的时候，表现出了对孩子的不认可。比如直接和孩子表达类似的言语："你最近的行为真的太让我失望了，我给你报了一个训练营，你去好好学习吧，对你会有帮助的。"

其实当家长不接纳孩子、想要改变孩子的时候，潜意识里就会透露出一种孩子不够优秀的信号。然而，家长必须知道，你不接纳孩子，孩子怎么会按照你的想法去做呢？这时家长与孩子之间是存在矛盾的。家长为了改变孩子，让孩子去参加一个活动。请家长换位思考一下，在这种情况下，你愿意去参加吗？孩子可能会这样想：我去参加这个活动，就证明了我确实存在一些问题，我必须改变。

除了沟通有问题，孩子对家长不够信任也会导致孩子不愿意上家长报的兴趣班。孩子都不够信任你，又怎么会愿意参加你推荐的活动？孩子和你的关系都不够好，又怎么会听从你的决定？所以家长一定要通过学习改变自己，让孩子感受到你的变化、你的诚意。家长改善了和孩子之间的关系，孩子往往就愿意参加家长推荐的活动。如果孩子还是不愿意参加这些活动，可能存在两个问题：一个是家长改变得不够，一个是家长坚持的时间还不够。

其实，家长不用着急，当你慢慢改变了，孩子也会愿意参加那些活动。即使孩子不愿意参加，也会在你学习、改变的影响下，逐渐变好，也就达成了你期待的结果。

问题 19　孩子上了初中，成绩下滑得厉害

在初中的老师和孩子之间流传着这样一句话：初一相差不大，初二两极分化，初三天上地下！教育行业普遍认为：初中是孩子成绩下滑的高危期。很多孩子在小学、初一时成绩还不错，但之后的成绩就明显下滑了。为什么说初中是孩子成绩好坏的分水岭？家长该如何做？家长能否只关心孩子的成绩？下面我带大家分析一下。

第一个原因：学习方式发生变化。在小学升初中阶段，学习方式会发生巨大的变化。小学阶段学习的内容较少，对孩子的个人思维能力要求还不高，一般情况下孩子的学习成绩不会出现大的问题。孩子只要紧跟老师的节奏，把该背的都背下来，把知识点都学会，如果家长同时还能督促孩子学习，那孩子几乎都会取得不错的成绩。

升入初中后，学习科目的增加，各科的学习内容在难度上大大加深，学习的思维方式也从形象思维变成抽象思维。比如，数学题目不再像小学阶段那样只需要基本的计算能力、理解能力就可以完成的，而是对个人的理解能力、思考问题的角度、学习方法都有了更高的要求。

尽管有部分孩子学得很认真，但是他们仍然按照在小学的思维

方式去学习和思考，当然会力不从心。此外，孩子会因为受挫而丧失对学习的信心，随着学习内容的增加被其他同学落得更远。

这个阶段在教授孩子知识的同时，重要的是去引导他的思维方式和学习方法，而不仅仅是简单的"填鸭式"教育。如果孩子没有做好思想准备，在中学阶段仍然按小学阶段的方式去学习和思考，学习当然会变得很吃力，成绩就容易出现滑落。因此，家长更多要做的是帮助孩子改善学习方法，引导孩子多独立思考问题，学会自主学习。此外，孩子的知识面要广，通过课外阅读、生活实践，关注自然与社会，开阔眼界，他们才会有更多的动力。

第二个原因：学习心态不佳学习动力不足。对于初中学生来说，学习的积极性主要取决于学习兴趣和克服学习困难的能力。有一部分学生较聪明，在小学学得很轻松，不需要百分之百的努力就可以取得好的成绩。这些学生常常会因为聪明而受到家长和老师的赞扬。他们错误地以为自己不认真、不努力也可以取得好的成绩。长此以往，他们容易养成做事马虎、怕吃苦等不良习惯。

但到了初中就完全不同了。初中的知识相对于小学而言，是体量庞大的，不努力很难学好。而初中的孩子心理发展还不成熟，对自己的认识也不足，在遇到学习上的困难时，往往找不出解决问题的方法，自信心很容易受到打击。

学习是一个长期积累的过程，需要坚持不懈。然而部分孩子缺乏意志力和毅力，产生应付的心态，学习不扎实，成绩退步也是必然的。我常常讲立志是人生的头等大事，家长一定要在孩子的目标和学习动力上下功夫。孩子的学习心态需要家长用正确的教育方式引导，比如鼓励、赞赏、确认等方式。我在《觉醒父母：教育子女的8大智慧》中介绍得很清楚，家长一定要明白，孩子知道怎么学比学什么更重要，为什么学比怎么学更重要，这才是孩子自发开启学习动力的根本。

第三个原因：青春期的烦恼。初中的孩子正处于习惯养成期到性格形成期阶段，这个阶段是孩子心理、生理的成长时期，也是其寻求独立、寻找自我的时期。他们一方面想要独立，一方面又对家长有依赖心理；他们试图摆脱大人的约束，却又不能完全自立；他们逐渐对异性有好感，情绪较不稳定；他们面临着新的升学压力，学习也处于突变期；他们受到同伴的影响较多，开始寻求认同感和成就感；他们要寻找自我、塑造自我，开始构建价值观和人生观。因此，这个年龄阶段的孩子思考的问题逐渐变多，学习就会受到影响。

面对孩子的青春期问题，家长一定要及时了解青少年的心理特点，多和孩子沟通。保持良好的亲子关系是家长与孩子有效沟通的前提，关系到位，家长对孩子的引导会起到更强的作用，家长才能第一时间发现孩子的问题，并且给他们及时的帮助。

小升初是孩子学习生涯中的重要阶段，家长一定要在注重孩子学习成绩的同时，注重孩子心理的发展和变化、价值观的建立和形成，保证孩子健康快乐地成长。

问题 20　孩子对学习不着急

现在有不少家长，对孩子的学习、生活越来越上心，一旦看到孩子出现各种问题，往往会急得团团转，然而孩子自己一点儿都不着急，不主动。

曾经有一位家长带着孩子来向我咨询。家长和我讲，如果再让孩子参加一次高考的话，她的成绩可能比当年还要好。我看她的女儿一脸冷漠，明显是无所谓的态度，就知道这个孩子根本不把学习当一回事。

在当今时代，类似上面案例的家庭越来越多。父母非常辛苦，非常操心，但是孩子根本没有把学习放在心上。为此，亲子之间会发生各种矛盾。我遇到过一对夫妻，他们一共拿了四个硕士学位，他们的孩子却没有学习的动力。最后，爸爸只能用打的方式来催促孩子学习。结果，不仅没解决问题，还制造了其他问题。

很多家长不禁感慨：自己付出了那么大的代价和牺牲，孩子却丝毫不领情；自己一步不落地督促孩子学习，孩子却消极怠工。家长不得不反思发生这一现象的原因。学习本是孩子的事情，最后却变成了家长的事情；孩子是学给家长看的，如果家长不监督，孩子就不学；孩子的作业是给家长做的，如果家长不检查，孩子就不做。到了最后，孩子一点儿学习动力都没有，家长也只能干着急。

出现这种现象的重要原因是家长对孩子的学习和生活干预替代太多，导致孩子对自己的学习和生活没有掌控感。如果家长真的想让孩子明白学习是他自己的事情，就要给予孩子自主做事的权利。"自己的事情"意味着自己可以选择，自己可以完成，自己可以承担结果。而自己可以选择代表着孩子有自主权，比如，他可以选择自己看什么书、什么时候看书，可以选择用哪种方式去学习、学习哪些内容。这些都是由他自己选择的，而不是家长安排的，更不是家长强制的。在孩子自己做出选择之后，是可以独立完成的。并且，在做的过程中可以选择完成或者不完成，以及用什么方式去完成。但是，他必须承担相应的后果。

有家长向我抱怨，每天早上需要叫孩子好多次，孩子才能起床。我告诉他，因为孩子知道父母肯定会一直叫他起床，不会让他迟到。孩子的这种想法就是把起床的责任交给了父母，自己无须操心。其实父母完全可以和孩子做一个约定：起床是他的事情，父母不干涉他。第二天早上他如果还是不起床，就让他迟到一次，最坏的结果无非是被老师惩罚训斥，却能让他感受到起床这件事和他自己有关。

这位家长这样尝试了几天后，孩子果然就自己定了闹钟，准时起床了。家长要让孩子有选择和承担的权利，他才能认为这是他自己的事情。

很多家长在监督孩子写作业的过程中发现孩子往往表现得不着急。其实孩子原本是很着急的，但是家长表现得比他还着急时，他就会觉得，"这件事情是妈妈的，反正有她替我操心，有她监督，有她提醒我，有她给我检查错别字，我就不用着急了"。家长必须明白，当孩子过度依赖家长时，孩子的责任感和存在感就会变弱。在家长替代孩子做一些事情时，孩子的独立性和自主性也会很差。

一个人的独立性不仅体现在学习上，还体现在很多地方。如果孩子恰恰在其他方面有良好的独立性，只在学习方面独立性不强时，家长就要思考一下，是不是自己对孩子的学习过于关注了？是不是自己夺走了孩子学习的自主权？家长要学会放手、学会信任、学会欣赏，孩子才会更好地成长。

生活篇

生活篇

问题 21　孩子缺乏孝心

这是一位家长的留言：我家孩子是老人带大的，老人对孩子百般疼爱，孩子长大了却不孝敬老人，经常向老人要东西、耍性子，也不帮助老人做家务。

我常常问训练营的孩子们，知道父母生日的请举手，结果举手的人连一半都没有。父母基本都记得给孩子过生日，在生日那天，会给孩子做丰盛的美食，带他出去玩儿。父母也总是把最好的东西留给孩子，孩子却不清楚这些东西父母是否也爱吃，是否舍得吃。所以就有很多天真的孩子觉得"我爸爸爱吃鱼尾巴，我妈妈爱吃鱼头，我爱吃鱼身子"。哪有只爱吃鱼头、鱼尾巴的父母呢？父母是为了让孩子多吃鱼肉，才选择吃鱼头和鱼尾的。

当家长埋怨孩子没有孝心，不懂得感恩父母、孝敬老人时，就要从自身找原因——为什么孩子对孝敬没有概念？为什么孩子不懂得感恩？

一般来说，没有孝心的孩子容易出现在以下几种养育情境中。

第一，我在一门课程中提到过十种家庭类型，其中，保护型、照料型、替代型家庭都容易出现没有孝心的孩子。父母在孩子成长过程中包办得太多，保护得过多，孩子习惯了父母过度的给予，认为这一切都是理所当然的。一旦父母停止给予和付出，孩子就会出现愤怒、威胁、不孝敬父母、不体谅父母的行为，以此达到让父母满足自己欲望和需求的目的。

第二，溺爱型家庭和有补偿心态的家长也容易教出没有孝心的孩子。在溺爱型家庭中，父母溺爱孩子，总想给孩子提供最好的生活条件，却不告诉孩子自己的辛苦。尽管父母为此付出了很大的代价，但是孩子会觉得这一切都很容易，是他本来就应该拥有的。有补偿心态的父母对孩子有亏欠心理，就会不停地通过给予的方式补偿孩子，这会让孩子缺乏感恩之心。

第三，交换型家庭也容易养出没有孝心的孩子。这种家庭的父母做任何事情都像做交易，带有一定的目的性，总是以物质作为交换条件，孩子得到的是带条件的爱。

比如，父母要求孩子考到多少分，就承诺给孩子买什么样的电子产品；做多少家务，就给孩子相应的零花钱。当这种交易的思维模式在孩子心中扎下根时，孩子就不会无偿做事了，他会认为所有的付出都是要带条件的，否则就不愿意去做，更不会主动去做。

上述情况都意味着教养模式出了问题，让孩子变成索取者而不是付出者、责任者。我们要多给孩子一些经历挫折的机会，因为体验少的孩子很难理解和共情他人。很多家长过分注重孩子的分数和成绩，导致孩子对生活的体验很少，他不知道每分钱挣得有多辛苦、每粒米有多来之不易，所以他很难理解父母，也很难从父母的角度出发去理解事情。

身教大于言传也不能忽视。如果家中有老人，要多关心、照顾老人；如果距离老人较远，要多打电话、多看望老人。要让孩子看到父母不仅对自己有爱，对长辈也有爱。可以经常给孩子讲讲祖辈的辛苦，要让孩子明白老人的艰辛。父母以身作则，孩子也会受到影响。

家长也可以多带孩子参与各种社会公益活动，会让孩子在体验中成长，逐渐变得有爱心和责任心。2019年1月22日，我们发起了"关爱上一代，心连心，根连根"活动，有600个孩子和其家庭成员一起参加。这次活动让许多孩子受益匪浅，发生了不小的改变。有的孩子因为爷爷奶奶家不能上网，平时就不愿意去，在参与活动后，主动向父母提出去看望老人。有的孩子参考了我们的公益策划活动方案，然后带领全班同学去养老院慰问老人。

因此，面对孩子的不孝顺，父母不要一味责怪孩子，应先想一想自己是不是在孩子成长的过程中做错了什么。其实孩子的本质都是好的，关键看父母给他们提供了什么样的环境、什么样的教育。

问题 22　孩子不敢自己睡觉

有家长说自己的孩子已经上小学了，还是不敢独自睡觉，尝试过很多方法都不管用，孩子还是恐惧。家长认为孩子有心理问题，需要看心理医生。

在这里我要提醒各位家长：如果不是特别严重的情况，请不要随便给孩子贴上"有心理问题"的标签。标签具有定性导向作用，无论是好还是坏，对一个人的自我认同都有巨大的影响。给孩子贴标签，往往会使孩子往标签预示的方向发展。孩子不敢一个人睡觉，可能只是习惯的问题，但是一旦被贴上"有心理问题"，他可能真的会认为自己有心理问题。结果不仅没有解决孩子不敢自己睡觉的问题，反而产生了其他问题。

面对这种情况，家长要先了解孩子不敢独自入睡的原因是什

生活篇

么，以及他的恐惧点在哪里。找到造成孩子恐惧的原因，再去解决他的习惯性依赖问题，就会容易得多。

很多孩子在成长过程中，会因为某些原因对一些事物产生畏惧。家长要帮助孩子找到让他们恐惧的点，有的放矢地疏导。克服这一恐惧对于孩子来说也是一个成长和突破。

家长随后要做的是解决孩子的习惯性依赖问题，对孩子进行行为矫正。孩子的睡觉习惯是从小养成的，如果让他一下子改正，可能会增加他的心理压力。家长可以和孩子做好沟通工作，让他认识到独立睡觉的好处，然后制订改善计划。例如，如果孩子怕黑，可以把灯光调暗，等到孩子困意袭来时，再把灯关掉。等到孩子已经完全接受独自睡觉这件事了，就可以让他在睡觉前自觉地把灯关掉。

独立睡觉可以先从孩子和家长同屋不同床开始，当孩子心里的焦虑感慢慢减轻后，再让他自己到另一间屋子睡觉，但家长可以在睡前陪伴一会儿。

一般来说，孩子不敢一个人睡觉是因为缺乏安全感。下面是造成孩子缺乏安全感的三个原因，家长可以作为对照参考一下。

第一个原因：父母缺位。孩子在婴幼儿时期最需要父母陪伴的时候，父母是缺位状态，导致孩子的安全感极大缺失。

第二个原因：父母教育方法不当。孩子年龄小，认知能力有限，往往会对父母的话信以为真，父母的恐吓会让孩子感到害怕和担心。

第三个原因：家庭关系不和谐。一个在父母关系紧张、家庭关系冷漠、不和谐的环境中成长的孩子，内心充满了紧张和恐惧，会极其缺乏安全感。

感谢这位家长提出的问题，让我们看到在孩子成长的过程中，安全感的建立是至关重要的。如果你的孩子也有这个问题，那么我要恭喜你，这是重塑亲子关系的最好时机，这个问题将变成加强亲子沟通、改善家长沟通模式的最好机会。当家长把问题当成问题，就会出现更多的问题，当家长把问题当成机会，孩子将会有无限可能。

问题 23　孩子作息不规律

有位家长向我咨询了这样一个问题，说他的孩子开学上初三，早上不愿意起床，晚上也不按时睡觉，经常熬夜。这位家长还认为，孩子的这种行为是孩子自己的问题，和家长关系不大。

为什么家长一遍遍地叫孩子起床却没有什么效果呢？其实就是

孩子没养成良好的生活习惯，而孩子的这种生活习惯与家长的教养方式息息相关。

很多家长都有这样的经历：自己早上要忙着上班，更要早早起来给孩子做饭，给孩子收拾书包，准备上学要带的东西，然后一遍一遍地催孩子起床，叫一遍孩子不起来，就要一而再、再而三地叫。家长从和声细语到义正词严再到焦急责骂，直到最后掀被子甚至险些动用武力，孩子才会起床。而且孩子即使起床了，也不能让家长省心，往往磨蹭半天，家长反复催促，他才能动一动。

孩子真的起不来床吗？试想，如果是去旅游，家长早早地叫孩子起床，孩子多半会很迅速地起床的。本书前文也提到过，孩子之所以在平时早上敢赖床，是因为他知道家长不会让他迟到，家长就是他的闹钟，他有什么可担心和害怕的呢？于是就放心大胆地睡觉了。

家长应该明白，孩子之所以不对自己的时间负责，是因为你没有把责任移交给他。家长要让孩子自己掌控时间，自己设置闹钟。如果孩子没有按时起床，家长也不要理会，只管做自己的事情。孩子迟到两三次，受到老师责备，再听见闹钟响，自然而然地就不会赖床了。他们甚至怕第二天起不来，晚上还会睡得早一些。

对于孩子晚睡，家长也可以召开家庭会议，制定一天的固定作息时间，如果超过休息的时间五分钟，早上就要早起五分钟。这样的规则执行过几次后，孩子就不会再晚睡了。

　　此外，还要注意，家长平时不停催促孩子，也是对孩子不信任，因为不信任才会干预孩子的时间安排，而这种不信任也会造成亲子关系的疏离。存在这种问题的家长该注意了，这种不信任肯定不只存在于起床这一方面，如果你在诸多方面都会过多管控孩子甚至对孩子的事包办代替，你就很难养出自律性强和有责任心的孩子。

问题 24　孩子总是提出无理要求

　　一位妈妈留言，说她上初二的孩子从小到大从来没关心过长辈，经常不顾家庭情况，提出很多无理要求，比如总是要求家长给他买最贵的东西。她想知道孩子总是提出无理要求，家长该怎么应对？

　　这位家长透露，他们家是一个普通的工薪家庭，孩子是在溺爱的环境中长大的。这是一个典型案例，它反映了一种教养现象，就是现在普通家庭中的"富二代"太多了。

　　为什么会出现这样的现象？主要有以下几个原因。

第一，家长的补偿心理。这种心理最容易出现在自己受过苦、单亲家庭或者遭受过重大变故的家长身上。他们会有强烈的补偿心理，不能让孩子吃亏，要给孩子吃好的、穿好的，帮助孩子做各种事情。"宁肯穷了全家，也不能穷了孩子"是他们的教育理念。

这种补偿心理其实只是家长的自我安慰。毕竟给孩子再多物质上的关爱，也弥补不了精神成长上的缺失。这种教育模式会让孩子在物质上丰盈，在精神上吃不了苦，容易导致孩子在行为上出现偏差。

第二，家长的溺爱。现在的许多家庭都是"6+1"或者"6+2"模式。"6+1""6+2"模式是指爸爸妈妈、爷爷奶奶、姥姥姥爷六个家长照顾一个孩子或者两个孩子。再加上生活条件变好了，家长很容易对孩子溺爱。

溺爱的表现之一是轻易地满足孩子，孩子要什么就给什么，有的父母还给孩子很多零花钱，孩子想买什么就买什么。这种孩子容易养成不珍惜物品，讲究物质享受，浪费金钱和不体贴他人的坏习惯，很少会有忍耐和吃苦精神。

孩子在家庭中地位高人一等，处处受到特殊照顾。一旦习惯这种特殊，孩子很有可能会变得自私、目中无人，缺少同情心，不会关心他人。

溺爱的表现之二是家长在孩子犯错时袒护孩子。这会导致孩子把家长当作保护伞和避难所，而不承担自己应负的责任。这样的家长对孩子自己的事总是大包大揽。很多三四岁的孩子还要家长喂饭，不会穿衣；五六岁的孩子不会做任何家务事，不懂得劳动的愉悦，不能承担帮助家长减轻负担的责任。家长这样包办下去，必然会失去一个勤劳、善良、富有同情心、能干、上进的孩子。

"宠儿多不幸，娇儿难成才"。教会孩子如何做人，是每个家长义不容辞的职责。想要让孩子养成良好的习惯，家长首先要走出爱的误区。

问题 25　孩子嫌家长唠叨

有家长询问，孩子总是嫌他唠叨，他应该如何说才能既不让孩子反感，又能很好地教育孩子呢？

很多家长都会有这样的经历，看到孩子有各种各样问题的时候，就会去说他，但是孩子不仅不听，还嫌自己唠叨。家长有时候也知道说了也可能会没有效果，但不说又很难抑制住自己的焦虑，这可能是很多家长的烦恼。

这个问题的本质是说什么，怎么说。家长必须清楚，有时自己对孩子的唠叨只是情绪的发泄，而非有效的沟通。

你可以想一下两个问题。

第一，你唠叨完孩子后，孩子的行为是否有了改善？

第二，孩子和你的关系是否更亲近了？

如果以上两个问题的答案都是否定的，那就说明你和孩子之间可能都是无效的沟通。这种无效的沟通越多，孩子听话的概率越小。久而久之，会对孩子的成长产生不良影响。

我把家长唠叨的几种常见原因归纳如下。

第一种，对孩子过度关爱。很多家长出于焦虑或者心疼孩子，就会对孩子的各种事情都不放心，不停地叮嘱和唠叨，甚至直接替代孩子去做，生怕孩子出现冻着、热着、碰着、磕着了，而这种过于关心其实是对孩子的不信任。孩子在成长的过程中本身就要证明"我存在、我能行"，对于无法给他们力量甚至暗示他们没有力量的家长，孩子也只能敬而远之。

第二种，是总喜欢翻旧账。很多家长在说孩子一件事的过程中经常会扯到其他事情上。比如，"你看你今天回家都看了半个小时电视了，你作业写了吗？你期中考试下降了十几名你忘了？你们老师还专门给我打电话，叫我到办公室，你还不写作业，你还想不想好了"等。家长明明是为了孩子不及时写作业而生气，却总说孩子曾经犯下的错误，不断地"翻旧账"。这种唠叨不仅会让孩子对家长产生厌烦心理，还会伤害孩子的自信和自尊。

第三种，喜欢讲大道理的，想利用唠叨来操控孩子。这种家长通常以自己的判断为标准，给孩子讲各种道理，希望孩子能依照他们的想法做事。这种做法忽视了孩子的主观感受和真实想法；这种沟通方式也没有形成亲子之间情感的流动，家长没办法走入孩子内心。这样的行为带来的结果是让孩子反感家长的话，破坏亲子关系。

孩子嫌家长唠叨，实际上是家长和孩子的沟通出现了问题。

同样是家长和孩子沟通出现问题，有的孩子采取了把自己反锁在房间里的方式，避免和家长进行沟通。

一位家长告诉我，他的孩子已经13岁了。在假期里，孩子动不动就把自己锁到房间里，除了吃饭、上厕所，几乎不出房间。他在微信上给孩子发了很多信息，却被孩子拉黑了。他不知道该怎么办。

其实，我想问问这位家长，孩子动不动就把自己反锁到房间里，躲避的是谁？无非就是同在一个屋檐下的家长。这个时候家长要想的是，自己的什么行为导致了亲子关系走到这一步。有一点是毫无疑问的，就是你们之间的沟通方式出现了问题。很多家长在开口说话的时候，就已经在沟通上设置了一道屏障，而这道屏障阻碍了情感的表达，让亲子关系越来越紧张。

那么，亲子之间错误的沟通方式有哪些呢？

第一种常见的错误沟通方式是命令控制型的沟通。比如，"现在就回去把没有完成的作业写完，否则就别想睡觉""再不起床有你好果子吃，看我怎么收拾你"等，这种威胁警告类的语言会让孩子感受不到爱，感受不到温暖，自然会破坏亲子关系。

第二种常见的错误沟通方式是打岔唠叨型沟通。比如孩子说："妈妈，今天校运动会上，我们班得了年级第一名，真开心！"妈妈说："哎哟，你看你这身汗，脸上脏的，快去洗洗，穿上衣服，别着凉！"再比如孩子说："妈妈，明天我们要订杂志，请给我100块钱。"妈妈这时候回答："又要交钱了？从你上学到现在，我们在你身上花了多少钱了？我们那个时候，看书都是借别人的，哪儿需要花钱，钱不好挣哦……"，这种答非所问会让孩子感到厌烦。而在这种沟而不通的方式中，表面上双方都在说话，也能持续较长时间，但实际上，根本没有得到有效的信息交流，往往是家长在喋喋不休，孩子则陷入烦躁、焦虑，盼望这种唠叨早点结束。至于家长说了什么，孩子根本没有听进去。

第三种常见的错误沟通方式是指责否定型沟通。采用这种沟通方式的家长经常习惯性负面评价孩子，给孩子贴负面的标签。比如，"你看看你，做任何事情都是三分钟热度，永远都是坚持不了""早就知道你考不出来好成绩，你就是没好好学""天天做事不想清楚，丢三落四的，这件事情就是你做错了，还不承认"，等等，这类语言的共同特征就是指责和埋怨。所有的家庭问题，往往在相互指责和埋怨中不了了之，并未得到真正解决。在这种沟通模式下成长起来的孩子，一般都容易出现做事动力不足、情绪不稳定的问题。

第四种常见的错误沟通方式是说教型沟通。家长在教育孩子的过程中，最喜欢给孩子摆事实、讲道理，比如，"只有考上大学才会有未来，你这个年龄只有好好读书，否则什么事情都做不了"，一味地讲大道理，并不关注孩子出现问题的原因，也看不见孩子的情绪。再比如，孩子要买鞋，妈妈说："才买了几天，怎么又要买？你要学会珍惜东西，老是和同学比较这些没有什么意义，你要把心思放在学习上，你看你都初三了，要争分夺秒……"家长从不过问孩子理由，就开始了自己滔滔不绝的说教，用自己的意识过滤掉了孩子的想法，也不管孩子有没有听进去一句。这也是一种严重缺少感情的沟通，特别容易产生亲子感情障碍。

看了以上四种常见的错误沟通方式，你就清楚为什么孩子会给你吃闭门羹——你们之间的情感表达不畅，孩子对你有误会和怀疑。如果出现这种情况，家长千万不可以粗暴地对待，毕竟当孩子在这个家里的容身之地只剩下自己的房间和厕所时，他会感觉很孤独。

我想告诉各位家长，教育孩子不在话多，而在于实际效果如何。无节制地唠叨，无限度地干涉，让家长对孩子的爱就变了味道，走了样。家长要明白，若想以自己的思维框架去约束孩子，那么孩子的想法、行为会被束缚在一个狭窄的框架之中，要么孩子就会用厌烦、顶撞等言行试图摆脱约束。本节开头提出疑问的家长，他的孩子上小学六年级，正处于习惯养成期和性格形成期的转换阶段，自我意识开始觉醒。也许以前家长唠叨，孩子会耐心地听下去，但是现在孩子有了自己的想法，就对家长的陈词滥调显得不耐烦，并且出现顶撞的行为了。

所以，请家长停下唠叨，把你对孩子的担心和牵挂化成真正的爱，放手让孩子去试错和成长。同时，多学习和孩子高效沟通的方法，让自己成为具有智慧的家长，引领孩子成长。

问题 26　孩子不会分享

一位家长说他 7 岁的孩子不喜欢和别的小朋友分享东西，每次亲戚朋友聚会，孩子自己玩自己的玩具，从来不让别的孩子碰。家长说了几次都没用，于是认为孩子比较自私，问怎么能让孩子懂得分享。

分享就是把自己认为好的东西拿出来和别人一起享用，可以是自己的物品，也可以是自己的感受、想法。这位家长苦恼的是孩子不肯将玩具分享给其他孩子，不仅让自己在亲戚朋友面前没有面子，也怕孩子养成自私的性格，会影响孩子以后的人际关系等方面。家长的这份心情我们能理解，毕竟懂得分享是每个孩子健康成长要具备的品质。但孩子并非生来就会分享，需要后天的培养。家长教会孩子分享，帮助孩子养成和别人分享美好的习惯，会让孩子受益一生。

如何让孩子学会分享？

第一，我们要先判断孩子不愿分享的原因是什么。家长在了解孩子的想法和内在动机之前，不要给孩子贴上小气、自私的标签。家长应该先分析孩子不和他人分享的原因，再根据原因选择自己的教养方式和对待孩子的态度，一步步帮助孩子调整自己的行为。

第二，有许多不懂得分享的孩子往往不合群。家长不要总是让孩子长时间待在家里，孩子跟他人的互动越少，对外部环境的适应能力就越弱，对物品的占有欲就越强。因此，家长应该经常带孩子到外面接触人群、接触社会，让孩子慢慢放下警惕的心理、紧张的情绪，逐渐适应社会。

第三，家长要弥补缺失的亲密关系。当孩子不会分享时，家长不能一味指责。孩子不分享和家长有一定关系。家长疏忽了孩子与同龄人的交往，也缺乏和孩子之间的亲密关系，这些都会导致孩子在成长的过程中缺乏安全感。家长要积极弥补。孩子只有在心理需求被充分满足、安全感逐渐建立的情况下，才会愿意和别人分享。

第四，家长以身作则很重要。一家人吃饭时，家长可以有意识地与长辈或者配偶分享食物，教孩子先给长辈夹菜等。家长平时也不要一味地宠爱孩子，把好吃的都留给孩子等。

一定要记住，孩子的许多行为都是被强化出来的。如果他和别人分享一些东西，你夸奖他、赞扬他，他受到赞扬之后，下次还会愿意分享，这样就可以培养出乐于分享的品质。

问题 27　孩子不会拒绝别人

一个学生留言：他最近很苦恼，原因是他不懂得拒绝。同学向他借一本练习题，他本来自己也要用，但不好意思拒绝。朋友向他借钱却不归还，再一次向他借钱时，他又没有拒绝。其实，他在做这些事情时，心里有些不舒服。他问，不懂得拒绝该怎么办？

我用了很长时间才帮他解决了这个问题。

有些家长认为，孩子即使不会拒绝别人，也没有什么坏处。其实，不仅孩子，包括许多家长在内的成年人也不知如何拒绝别人。我想借此机会和大家聊聊。

在解答这个问题之前，请各位家长想想，孩子不会拒绝别人，是"不懂"的问题，还是"不敢"的问题。不懂是方法层面的问题，不敢是心理层面的问题。

如果是不懂，就比较简单了，因为孩子已经决定了要拒绝对方，只是考虑到对方的感受和彼此的关系，不知道如何更婉转地拒绝而已。家长可以教孩子一些拒绝的理由，但是一定要让孩子知道，和朋友之间相处要真诚相待，坦诚相告。家长也可以趁这个机会，与孩子进行一次真诚交友的观念沟通，可能会让孩子更快地成长。

如果是不敢，家长就要重视了。家长要观察孩子平时是不是经常有这样的举动——喜欢掩藏自己的情绪，不敢表达自己的真实想法，害怕与别人起冲突，时常会以牺牲自己的利益为代价满足别人不合理的需求。

如果孩子有以上行为，意味着他有形成讨好型人格的前兆。孩子一旦形成了讨好型人格，他的生活就会变得很累。他容易形成这样的认知：我拒绝别人可能意味着关系的结束，我不满足别人的需求，就可能被别人抛弃；换句话说，我只有满足了别人的需求，才是重要的，才是好的，才是被爱的。

家长必须让孩子明白，这种不敢拒绝换来的并不是别人长久的喜欢，一旦有一天他不能满足别人的需求，就会被抛弃。而且他们长大之后，会因为不敢拒绝而忙于应酬别人的各种请求，没有自己的时间，还时常会因为做违背自己内心意愿的事情使内心产生冲突，一生都活在纠结之中。

讨好的本质是低自尊。有两类父母比较容易塑造出讨好型人格的孩子。

一类是父母本身就是讨好型人格，自尊和价值感都很低。这样的父母往往会牺牲自己家孩子的需求去满足别人家孩子的需求，捧别人家的孩子，照顾其他家长的心情。在这种家庭中长大的孩子，会习惯去讨好别人。

另一类是控制欲过强的父母。孩子的一切必须围绕父母的需求展开，孩子很难有自己的意见。一旦孩子的行为不符合父母的需求，父母就会用批评、指责甚至打骂的方式来教育孩子。渐渐地，孩子变得胆怯畏缩，内心的声音减弱，不敢表达自己的需求，他们会把自己的价值感完全建立在别人的评价上，一味地讨好父母。他们长大后，讨好父母的模式在很大程度上就会变成讨好他人的模式。

通过上面的分析，我们可以看到，讨好型的孩子缺乏自我价值感，或者说他们被剥夺了自我价值感，而正是这种自我价值感的不足，让他们的内心没有力量，不敢去拒绝别人。不敢拒绝朋友，是害怕失去友情；不敢拒绝亲人，是害怕失去爱；在工作中不敢拒绝，是害怕别人对自己有不好的评价。

问题 28　孩子的兴趣多变

一位家长说他家的孩子活泼开朗，对很多事情都有好奇心，但就是兴趣变化无常。比如，孩子在电视上看见明星弹钢琴特别优雅，于是吵着要学钢琴，可是没学一个月就放下了；看见同学擅长下围棋，又想学下围棋……孩子对任何兴趣只能保持三分钟热度。有的家长认为，孩子的这种行为是兴趣广泛的表现，无须大惊小怪。

真的是这样吗？我们先来分析一下孩子出现这种行为的原因。

孩子的兴趣变化无常，最主要原因是孩子的兴趣属于不稳定的情境化兴趣。在心理学里，一般情况下，兴趣分为两种，一种叫作个性化兴趣，一种叫作情境化兴趣。两者的区别在于，个性化兴趣比较稳定；情境化兴趣具有即时性、自发性，侧重于情境的特征，即容易受外部条件环境的影响，因此它不稳定，持续时间比较短。

比如，孩子看见好朋友最近在学跳舞，或者同学在班级里演出时，跳舞特别好看，就跟父母说自己也要学跳舞。这种情况是很正常的，这是由孩子的心理特点决定的，孩子很容易被同伴、环境影响，一时兴起。一旦新鲜劲儿过去了，孩子的兴趣就会转移。这属于情境化兴趣。

孩子在学习的过程中，发现舞蹈是一种展现美的艺术，是一种肢体语言，它可能改变自己内在和外在的气质等，于是他爱上了舞蹈，并且自发地去研究舞蹈的动作和精神。这种由内在动力自发地推动着自己继续向前的兴趣比较稳定，就属于个性化兴趣。

孩子兴趣经常变化的另一个原因是，他在兴趣维持的过程中可能没有得到足够的成功体验。学习的过程一般都是从容易到困难的过程，刚学习的时候往往难度比较低，孩子容易取得好的学习效果，能够获得一些成就感。随着学习的深入，学习内容增多，难度加大，孩子要想取得好的学习效果，就必须付出更多努力。有时候，孩子即使加倍努力，可能也无法获得像开始那样轻松获得成功的体验。

这就与之前获得的感受形成强烈的反差，孩子没有得到足够的成就体验，产生了挫败感。这时，如果外部环境，如父母、老师不能给他足够的鼓励和支持，只是一味地批评和打击，孩子很可能会失去兴趣；再如一些家长直接给孩子贴上了标签，说"你看你做什么事情都是三分钟热度"，孩子就有了轻易放弃的理由，甚至自暴自弃。

孩子兴趣经常变化，还有一个原因是孩子容易受同伴、媒体等因素影响，喜欢跟风，有时为了获得同伴的认可，经常会和同伴在兴趣上保持一致。同伴喜欢什么他就学习什么，如果没有学习同伴所掌握的技能和兴趣，他会觉得沮丧，会觉得没有面子，自尊心会有点儿受不了。而在兴趣发展的过程当中，如果同伴开始发展其他兴趣，那么他可能又会转变。

所以，当孩子的兴趣在不断变化时，家长不要一味地指责孩子是三分钟热度，要先分析出现这种情况的原因。

如果孩子出现这种情况，家长该如何应对呢？

第一，家长可以帮助孩子回忆为什么对这件事情感兴趣，并尝试引导孩子认识当前兴趣的意义。比如，孩子是因为同学在班级表演唱歌才去学习唱歌的，在孩子想放弃时，家长可以让孩子这样思考：如果再多练习几天，就可以像同学一样在班级演出了。家长也可以给孩子讲讲唱歌的意义，比如，可以让家里经常有愉快的氛围；可以借助歌声走进其他人的内心，与他人产生共鸣；可以登上舞台展示自己的魅力……这样引导有助于孩子从情境化兴趣转化到个性化兴趣。

第二，当孩子感受到兴趣活动有难度的时候，家长可以适当降低活动的难度,让孩子体验到成功的快乐。在孩子每一次取得进步和成功的时候,家长要及时鼓励孩子,让孩子在兴趣中获得成就感和价值感。

第三,增加一些仪式感。比如,孩子对主持感兴趣,家长可以在开家庭会议时,让孩子来担任主持人;孩子在学唱歌,家长可以鼓励孩子在家庭聚餐时表演节目;孩子喜欢画画,家长可以定期带孩子参观画展,让孩子欣赏名家的画作,让孩子看到自己进步的空间和对未来的期待。这些都可以帮助孩子从情境化的兴趣向个性化兴趣转变。

孩子有多种兴趣并不是坏事,家长要掌握从情境化兴趣到个性化兴趣转变的方法,去成就孩子无限的可能。

问题 29　孩子爱撒谎

一位家长反映,上二年级的孩子期末考试已经结束两周了,他每次问孩子的成绩,孩子就回答"还没出来"。于是,他询问老师,才得知成绩已经出来两天了。得知这一情况,他很是焦虑:孩子这么小就开始撒谎了,以后该怎么办。

孩子撒谎，是几乎每位家长都会遇到的情况。有的家长遇到孩子撒谎，就开始发火，不分青红皂白，直接打骂孩子。我要强调的是，家长遇到孩子撒谎，不要着急，也不要发火，先弄清孩子说谎的原因，再"对症下药"。

第一种原因，孩子达不到家长的期望，怕受到责罚而撒谎。例子中的这个孩子为什么不敢把期末考试的成绩告诉家长？他害怕自己考差了，会受到家长的批评和责罚。成绩已经出来两天了，家长也反复问了好几次，孩子却不敢说实话，可见孩子这两天心理压力有多大，恐怕也是在担心害怕中度过的。如果是这个原因，家长就要反思一下，是不是自己对孩子的教养方式有问题，才让孩子不敢接受自己成绩不好的事实，不敢在家长面前说真话的。

第二种原因，孩子为了满足自身需求而说谎。如果孩子发现说谎可以帮助他们达成愿望，实现想法，或者得到自己想要的东西，那么他们会选择继续说谎骗人。此时，家长就要注意采取措施，防止孩子抱有侥幸的心理，为了满足自己的要求而一再撒谎。

遇到这种情况，家长先不要打骂孩子，也不要给孩子贴负面的标签，否则会伤害孩子的自尊心，容易让孩子自暴自弃。家长要先问问孩子说谎的动机和原因，然后针对具体情况采取措施。比如，家长可以这样对孩子说："妈妈相信你是个诚实的孩子，你太想早点儿通关游戏了，情急之下才说作业做完了。但是，你撒谎是不对

生活篇

的，这种行为会让爸爸妈妈很伤心、很失望。爸爸妈妈相信你是第一次撒谎，也是最后一次撒谎。"

第三种原因，孩子撒谎源于对家长撒谎的效仿。有的家长经常当着孩子的面撒谎。比如，有人打电话邀请家长聚会，但是家长不想出去，便当着孩子的面说："我在外地，去不了。"当孩子发现家长在说谎，他就不认为说谎是错误的行为了。因此，家长以身作则很重要，否则家长又有何资格要求孩子不说谎呢？

除了上述三种原因之外，还有一些特殊的原因。孩子在幼年时期很难分辨是非真假，也不懂得什么是说谎，加上他们常常以自我为中心，会将自己向往的事情当成已经发生的事情。比如，有的孩子会对小朋友说自己昨天和爸爸妈妈一起去了迪士尼乐园。其实这些事情根本没有发生，而是孩子渴望忙于工作的家长可以陪他玩而幻想出来的。对于这种情况，家长没有必要过分紧张，以免给孩子带来沉重的心理负担。家长要多抽出时间陪伴孩子，满足孩子的愿望。

以上是我们对孩子说谎动机的分析。家长发现孩子说谎，一定是又失望又愤怒，觉得孩子变坏了。但是，在教育孩子之前，请家长认真思考以下几个问题：

孩子的认知能力以及语言表达能力是否成熟了？

孩子知道自己在说谎吗？

家长是否曾经因为孩子犯错对其进行了严厉的责罚，导致其不敢将真相告知家长？

家长平日是否做到了以身作则？

孩子犯错误，是成长过程中的必然现象。不会犯错的孩子，永远不会思考，不会做事，不会长大。家长要从孩子的心理特点和成长规律中找出孩子说谎的真正原因，再有针对性地对孩子的行为进行纠正。

问题 30　孩子出国留学，家长过度担心

一位家长的孩子几个月前去国外留学。自从孩子出国后，这位家长就天天担心得睡不着觉。她时刻关注当地新闻，只要看到不好的消息，就害怕孩子受到意外伤害。她觉得自己每天都很紧张，如果再这样下去，就要生病了。

作为家长，我非常能理解这位家长的心情。我的女儿也在国外读书，如果她生病了或者发生了什么事情，我也会非常担心。但是这位家长的担心和焦虑，真的是孩子出国留学导致的吗？

其实每位家长都是一样的：孩子成绩进步时，家长就开心；成绩下降一点点，家长就担心得不行；孩子稍微有早恋的迹象，家长

就焦虑难安……这些都是孩子的行为导致家长焦虑。难道孩子的行为才是引发家长焦虑的根源吗？

我接触过很多家长，他们都带着焦虑的情绪向我寻求帮助。有的孩子两岁了还不会说话，家长怕孩子不会说话而焦虑；孩子会说话了，家长又因孩子没有礼貌而焦虑；孩子懂礼貌了，家长又因孩子不会单词拼写而焦虑；孩子学会了单词拼写，家长又开始因孩子在课堂上不主动发言而焦虑；孩子开始主动发言，家长又因孩子的其他事情焦虑……总而言之，前面的焦虑刚消失，后面的焦虑就接踵而至。这说明不是孩子的行为让家长焦虑，而是家长始终有焦虑的情绪。

本节开头提到的那位家长后来也承认，她的焦虑其实在孩子出国前就有，只是当时孩子在自己身边，很多事情在自己可触及、可操控的范围内，焦虑也就没有那么严重。而现在孩子在国外，可能发生的事情都是家长无法预料或难以及时处理的，焦虑的情绪就迅速加重，导致了她的不安和失眠。

请想一想你有没有发现或者经历过这样的现象：父母越担心什么，孩子越会呈现什么；父母害怕孩子做什么，孩子就往往会做出这种结果。比如，孩子端着一碗汤，走到桌边去，父母很担心地说"别洒了"，孩子反而会洒很多汤。

为什么会发生这种现象呢？这是因为家长的害怕和恐惧会让

孩子把关注点聚焦到不好的结果上面。比如，我们在刚学骑自行车时，想着千万别撞到石头上，然而总是会不偏不倚地朝着石头的方向而去。

现实生活中，很多家长出于对孩子趋向完美的渴望，不断想通过做一些预防工作来避免未来发生在孩子身上的各种危险的事情。于是家长就会聚焦于孩子未来可能发生的各种不好的事情。本来这种不好事情发生的概率可能并不大，但是家长总是按照百分之百会发生的概率去担心。家长只停留在自己的感觉里，瞬间就把广阔的世界缩成了一个点。

家长对世界充满了恐惧和担心，并且会通过语言、动作等传递给孩子，孩子也会对世界感到不安。这就束缚了孩子的手脚，使其失去接触广阔世界的机会。

无论你如何焦虑，都无法消除生命成长的不确定性。父母的责任不是为孩子准备好一切，而是让孩子有能力自己应对瞬息万变的未来。各位家长，不要让你的焦虑毁了孩子的人生，同时也禁锢了自己人生的各种可能性。

心理篇

问题 31　孩子过于在乎别人的看法

有家长留言，他的孩子非常敏感，特别在意别人的看法，别人的一个眼神都能让孩子想很多。他给孩子报了舞蹈班，第一天上课时一个同学开玩笑地说孩子胖，孩子就觉得舞蹈服显胖，再也不想穿了，甚至不想去学跳舞了。

如果仔细观察，我们会发现一般太在意别人看法的孩子都比较善良，内心敏感，感情丰富。

他们太在乎别人的看法，导致他们在和别人沟通时顾虑太多，优柔寡断，畏首畏尾。他们太在乎别人的看法，很怕做错说错，于是干脆不做不说。他们太在乎别人的看法，使得他们不愿意去做别人对他们有过负面评价的事以致错失很多机会。

究竟是什么导致这些孩子会如此在乎别人的看法呢？真的是因为他们太敏感吗？其实，根本原因是自我价值感的缺失。自我价值感关乎一个人如何看待自己及自身的价值。自我价值感缺失的人过于在乎别人看法，常常把自我价值建立在别人对自己的评价上。别人说他好，他就会感受到自己的价值，别人说他不好，他就认为自己是没有价值的。就像本节开头提到的那个孩子，别人说她穿舞蹈服显胖，她就不去上课了。真正打击她的不是别人的言语，而是她对于言语的认同，对自己的否定。

那么，为什么有些孩子会把自我价值感建立在别人的评价之上呢？主要有两个方面的原因。

第一个方面，父母给孩子的爱是有条件的。孩子渴望父母的爱和关注，因此他会在意父母对他的看法和评价。比如，他考了100分，父母就会赞扬他；如果成绩下降了，父母就批评他，他感受不到爱，就会把自我价值感建立在成绩上。再比如，孩子善于在众人面前表现自己，他就会获得赞扬；不善于在众人面前表现自己，父母就会认为他太内向，他就会把自我价值感建立在自己是否有表现力上。

他在成长的过程中，一直会陷入评价的好坏当中，一直被这样的外在评价束缚着，他的注意力和关注点基本上都在外部。在过去的所有经历中，他从来没有学习过如何建立对自己的认可，这会影响他的生活。

等到他长大，进入成人的世界，面对的情况会更加复杂：很多时候，事情是没有评价标准的，他无法预知自己的下一个行为会得到他人怎样的评价。这种失控感会给他带来很大的恐慌，这也是很多人会莫名烦躁、恐惧的部分原因。

父母给予孩子足够的关注和无条件的爱，是孩子心理健康的首要条件。也就是说，即使孩子不完美，经常犯错，父母都一如既往地爱他、信任他，这样的孩子拥有较为强大的自我价值感，会更加自信，自然就不会去过多地关注他人的态度和评价了。

第二个方面，在子女早期教育中，很多父母的管教方式属于专制型或暴力型。父母给孩子的自由度不够，要求孩子必须听话，按照父母的要求去生活和发展。这些孩子的感受和需要被抑制了，特别在意别人的要求和态度。比如，有的人过于在乎别人的感受，而忽略自己的感受；有的人在拒绝别人时，总感觉自己十恶不赦，因此总是委屈自己，迁就别人。

> 我有一个好朋友，跟他相处过的人都说他心地善良，只有他自己知道他活得非常累。他回忆第一次坐飞机时，想看看空中的美景，用了三天的时间才订到靠窗户的座位。结果刚坐到座位上，就有人提出要跟他换座位，他虽

> 然很不情愿，却不忍心拒绝。有同事每天中午都让他帮忙带饭，他再不情愿，也会每天帮别人带。这是因为他有弟弟妹妹，他从小就是最听话的孩子，自己有什么需要，不是先说出来，而是考虑会不会给父母带来麻烦。他从来不会拒绝别人，活得很累。

看到这里，各位家长朋友就知道了，孩子过于在乎别人的看法，最根本原因是我们给他的爱和安全感不够，导致他把自己的快乐、幸福和自我价值寄托在外在的环境上。然而外在的环境是不可控的，孩子就没办法主宰自己的人生。

因此，请家长朋友们及时为孩子补充心理营养，让他活出自己的精彩，让他拥有属于自己的人生。

问题 32　孩子不自信

我们来谈谈孩子不自信的问题。我遇见过很多表现得不自信的孩子，但是大部分孩子并不是真的不自信，而是对自己有负面认知。他们没有把人和事分开，会因为一件事没做好而否定自己，认为是自己有问题，开始不信任自己。每一件没做好的事，都可能给孩子一个不自信的理由，让孩子给自己增加"我不行""我不好"的负面暗示。时间一长，孩子的潜能就被限制住了。

我经常会在青少年启智训练营的第一天晚上，给孩子们准备一个课件，帮他们撕掉负面标签，帮助他们找回自信，让他们看到有潜能、独一无二的自己。

有的家长认为，孩子不自信是胆小、怯懦的表现，是性格上有问题，和父母的关系不大。其实，在成长的过程中，孩子能否成为一个自信的孩子，父母有巨大的影响。自信就是相信自己有能力。而能力的基础是经验，孩子只有不断地实践，不停地积累经验，并且反复得到正向的确认，才会更加信任自己，进而爱自己，最终找到自己的价值。

请各位家长回忆一下，我们究竟给了孩子多少做事情的机会，当孩子做错了事情时，又给孩子传递了怎样的信号？这些点点滴滴都决定着孩子能否成为一个自信的人。

在当今家庭生活中，家长妨碍孩子建立自信的行为比比皆是。我在这里举几个常见的例子，家长朋友可以进行对照。比如，我们在家庭的十种类型中讲到过，替代型家庭和保护型家庭很难培养出自信的孩子。在替代型家庭中，家长代替孩子做孩子本来可以自己做的事情，像帮孩子收拾书包、整理房间、准备各种外出的必需品、确定行程等。

家长的这些行为不会让孩子充分地成长，也不能让孩子建立起完整的自我价值。家长要记住，孩子可以做的事就要让孩子慢慢做，让他意识到自己有做各种事情的能力，同其他孩子相比，他丝毫不逊色，甚至在某些事情上有超越别人的能力，他的自信心就能建立。一个事事都要他人代劳的人，哪里会觉得自己有能力、会成功呢？

保护型家庭的家长怕孩子受到伤害和威胁，会事无巨细地为孩子安排好任何事情，他们想到的、看到的都是危险，每天都在保护孩子，而这种保护会让孩子对做事情产生望而却步的心态。这样的孩子在家长无微不至的保护中，是学不到应对挑战的方法的。

此外，家长的视角和角色也很重要。

家长不能只看到孩子的失败，而看不到他的成功；不能只看到孩子的缺点，而看不到他的优点。

家长是裁判员，也是啦啦队，扮演了很重要的角色。当孩子做错事情时，家长对他进行正向鼓励，让他从做错事中获得经验，他就会有勇气再次挑战。

培养一个自信的孩子并不难，关键是要给孩子做事的机会。能力的基础是经验，无论成功与失败的经验都可以提升孩子的能力。一次不做，就没有任何经验，做一次就有一次的经验。家长要让孩子在多做事中增加经验，继而提高能力，最后拥有自信。同时，家长要做孩子的啦啦队，孩子每做完一件事，家长都要正向鼓励、表扬孩子，让孩子感受到来自家长的爱与支持，从而变得自信、勇敢、阳光。

问题 33　孩子过于内向

很多家长觉得自家孩子比较腼腆，不太愿意表达，性格内向，认为孩子以后很难有成就。

通常我们认为，内向的孩子腼腆，少言寡语，不善于表达自己，喜欢独处，总是人群中最安静的人。他们可以静静地观察周围的人和事，耐心地倾听别人表达，却很少表露自己的内心，所以总是和胆小、懦弱画等号。而外向的孩子表现得自信、乐观，通常更会讨朋友、老师的欢心，未来得到的机会也会更多。

其实，内向也好，外向也罢，不过都是人的性格类型，性格没有好坏之分。然而，有许多家长存在着根深蒂固的误解和偏见，认为内向的孩子不善于表达和交际，不受人喜爱，在人生路上一定会吃亏。其实，家长千万不要小看内向的孩子，他们通常有着独特的优点和潜力，有自己的想法，往往不鸣则已，一鸣惊人。

一般内向的孩子话少，但是有同理心，容易专注于聆听别人的倾诉。因为专注，他们能看到别人真正的需求，更容易获得别人的信赖和友谊。同时，他们在做事的时候能高度集中，习惯深度思考。他们一般说话的时候会讲重点，不想取悦、迎合别人。最重要的是，内向的孩子内心坚定而强大，十分了解自己，并遵从内心的想法。

如果家长急切地希望孩子按照家长的想法去表达，就会影响孩子的成长。比如，强迫孩子练习表达，强迫他在亲戚朋友面前表演，给孩子贴上不爱说话的标签。这些做法都会给孩子带来很多负面的影响，破坏孩子的先天优势。

当然，如果孩子因为内向而过分害怕尝试挑战、害怕失败，则需要家长帮助调整。有几点建议，各位家长可以酌情参考。

首先，家长要多征求孩子的意见，发掘他的洞察力。内向的孩子可能拥有丰富的内心世界，他们的思考可能会有一定的深度。内向的孩子是好的观察者和有见地的问题解决者，但是如果没有人询问他们的看法，他们的洞察力将被隐没，他们甚至不知道自己有这种优势。家长不妨就日常生活中的问题，征求孩子的意见。比如，家里买什么样的书柜，怎么安排周末活动，孩子会很乐意分享他的见解，因为这让他觉得自己是一个大人了。家长也可以通过聊孩子感兴趣的话题，来培养孩子的表达能力。每天挑选孩子感兴趣的话题，比如他的生活、他看的书、他画的画等，聊 15 分钟左右就可以了，不然他可能会无法适应，因为有的孩子表达能力较弱，需要时间来仔细思考应该怎么回答每一个问题，问题太多会使他思维混乱，进而怠于思考。

其次，家长要提升孩子的家庭参与感。内向的孩子喜欢被欣赏和需要，这能增强他与外部世界的联系，也能增强他的自信。我们完全可以从家庭生活开始，给孩子提供家庭服务的机会。比如，做家务就是一种很好的让孩子帮忙的方式。对于小一点儿的孩子，可以在你收衣服的时候，让他帮忙叠衣服，或请他给花草浇水；大一点儿的孩子，可以请他负责做一顿饭，或者照顾弟弟妹妹两个小时……这些工作都会让孩子感到适度兴奋，觉得自己很重要。当然，对于干得不错的工作要及时给予肯定，让孩子体验到成就感，而且每隔几个月可以换一些家务让孩子做。

最后，内心丰富的内向孩子尤其需要通过开放性平台来释放情绪。内向孩子往往具有丰富的创造力，也喜欢运用抽象思维。家长可以多给他们提供一些基础玩具，比如积木、彩泥、拼图等，让孩子的想象力有发挥的空间。

所以，如果家中有内向的孩子，父母不要一味地改变他，而要学会接纳他、鼓励他，放大他的优势和长处，认可他的特质和价值。这样，孩子内心会真正接纳自己，更好地成长，发挥自己的潜能，实现自己的人生价值。

问题 34　孩子和家长闹情绪

一位家长反映，他家孩子今年 10 岁了，学习还不错，就是经常和父母闹情绪。家长认为孩子不懂事，长大了还总是和家长闹脾气。直到一天晚上他看到孩子的空间留言，才明白了原委：孩子说自己太孤独了，经常一个人在家，感受不到爸爸妈妈的关心，感受不到自己存在的价值。

其实这位家长已经知道答案了，孩子呼唤爱已经表露得很明显了。在孩子常见的几种索取爱的方式里，排第一的便是用情绪来表达。

我们经常在家庭里看到这样的场景：父母今天本来答应孩子早点回来做饭，陪孩子看电视，结果却爽约。这个时候孩子对父母发脾气，对父母说"我很生气"，其实他想要表达的是"我很需要你，但是我感受不到你对我的重视"。

除了生气这种情绪之外，孩子会在很多事情上表现得伤心或者委屈。这个时候，孩子还是期望得到父母的爱和关怀、理解和保护的。但是这对他来说是可能没办法说出来的需要，于是他就会以闹情绪的方式表现给父母，希望父母能识别，然后满足自己。

其实除了常见的闹情绪这种方式，家长还要了解孩子索取爱的其他形式。

很多孩子会故意在人前表现得很优秀，表现自己好的一面，掩盖自己不好的一面，其本质是想获得别人的认可，认为别人只有认可自己的优秀，才会喜欢自己，自己才会获得爱。而有这种想法就是因为在童年的时候，父母给他的爱是带条件的。比如很多父母会随着孩子的成绩高低而心情上下起伏，孩子表现得优秀就赞赏孩子，奖励孩子，孩子表现得不好就责骂孩子。这些行为都会让孩子感觉只有自己做得好的时候，父母才是爱自己的。这样的孩子在长大后，会活得比较累，因为他一直追求优秀，害怕失败，怕自己做不好从而失去爱。活在恐惧里的人是不会开心幸福的。

还有一种索取爱的方式是用回避的方式索取爱。而这种方式只能离真正的爱越来越远。我们常常能看到很多孩子和别人相处的时候显得格外冷漠，其实他们内心是很想靠近别人的，但就是不好意思，为了避免别人发现自己想靠近他们的想法，所以假装冷漠。

有的孩子不好意思主动，对于别人的热情也不好意思接纳，因为他们内心太需要别人了。当太需要别人的时候，这些孩子的潜意识就会把他们放在一个卑微的位置上，但是其内心又接受不了自己的卑微，所以只能用冷漠的态度来做防御。

其实这几种索取爱的方式许多家长可能都经历过，生活中这样的例子比比皆是。我们明明爱孩子，孩子却感受不到。我们明明在孩子身边，爱却传递不出去。我们总是以爱之名去伤害彼此，让彼此之间失去信任。

家长都爱孩子，但是如果爱的方式、方法不正确，反而会做出很多伤害孩子的事情，让孩子一生索取爱，成了爱的讨债者。如果我们还没有学习如何当好爸爸妈妈，那么现在学也不晚，毕竟爱还在，从未消失，只是我们需要学习如何把它更好地表达出来。

问题 35　孩子不觉得幸福

我一位朋友的女儿过生日，朋友给孩子买了很多棒棒糖。我问他，孩子很喜欢吃糖吗？朋友回答，并不是孩子爱吃糖，只是为了满足他自己的一个愿望。在朋友小时候，有一次他奶奶带他出去玩，路过糖果摊，奶奶问他要不要吃糖。他表示不吃糖。奶奶对他不乱要东西的做法很满意并夸奖他懂事。朋友说，其实他当时真的很想要糖果，然而懂事和乖是那个年代对于小孩子的最高赞誉。他为了讨奶奶喜欢就压抑了自己的真实感受，努力表现出懂事的模样。现在自己的条件好了，就想尽量满足孩子，经常和孩子交流，希望孩子能勇敢地说出自己真实的需求，不想让孩子度过一个压抑、敏感的童年。

这件事让我深思了很久。在很多孩子的成长过程中，家长通常会有意无意地用一个"乖"字来衡量他们是否懂事。家长最在意的往往是孩子在学校里面听话吗？在外人眼里是个懂事的孩子吗？在外面会经常惹事吗？对家长言听计从吗？

通常家长爱对孩子说，你要听话了会怎样，不听话又会怎样。似乎懂事的孩子总是能得到别人更多的夸奖。家长也乐于听到别人夸赞自己家的孩子懂事，让自己脸上有光；而往往会批评那些爱顶嘴、任性的孩子，认为他们不省心。

然而，同不省心的孩子相比，懂事的孩子就真的幸福吗？

我们在训练营里和很多孩子打过交道之后，发现了这样一个现象：很多有心理问题的孩子往往在小时候就是那种所谓的懂事的孩子，他们不敢任性，以满足他人意愿、获得他人首肯为生活主导，失去了表达自我的声音，忽略了自己的真实需求，内心压抑，十分痛苦。

这些懂事的孩子十分在意别人的感受，让别人觉得舒服是他们讨好别人最大的动力。他们会在合适的时间做合适的事情，压制自己的欲望，顺应别人的想法。其实，这种懂事的背后是深深的自卑，不敢对抗，一直小心翼翼。

他们拥有这个年龄段不该有的稳重和踏实，却没有了这个年龄段该有的天真和童趣。这些懂事的孩子从来不说喜欢，从来不说渴望，平时也不争、不吵、不闹，把难过和委屈习惯性埋藏在心底。他们本应该天真无邪，却过早地注重他人的感受，忽略了自身的意愿与需求，失去了正视自己想法和表达自己欲望的能力。

所以相比之下，"熊孩子"敢于反抗的行为，有时候恰恰有利于他们的健康成长，让他们敢于听从自己的内心，不愿意的时候敢于说出来。父母的责任是让孩子在乖孩子和"熊孩子"之间找到平衡点。

针对这个问题，我给各位父母三点建议。

第一，父母切忌过于强势。强势的父母对子女要求都很高，孩子在成长的过程中，只有不停地满足父母的要求，才能获得更多的关注和喜爱。为了得到父母更多的称赞，他们不停地逼自己做能满足父母期待的事，成为父母心中的乖孩子。然而一旦他们成年后需要独立做选择，成年之前的经历会影响他们的选择。

第二，父母切忌经常在孩子面前吵架。对孩子而言，家与其说是一幢房子，不如说是稳定的父母关系。经常在孩子面前吵架甚至大打出手的父母，会让孩子的家面临随时坍塌的危险。为了稳固摇摇欲坠的家，孩子会压抑自己的情绪，反过来安抚父母，他们会变得懂事、独立、坚强，以求得安全感。这样的孩子长大后自我价值感非常低、不自信，在处理人际关系、亲密关系时都会面临一定的挑战。

第三，父母切忌经常向孩子吐苦水。如果父母经常在孩子面前倾诉自己的辛苦，或是与人发生矛盾时经常在孩子面前展现自己的伤疤，则会无意间把成人世界的压力转移到孩子身上。孩子是无条件地爱着父母的，他们听到这些压力不会只是随便听听而已，他们会尽己所能保护父母，迫使自己变得强大，来为父母解决问题。这是最典型的"角色错位"。把父母当孩子来呵护的孩子，会有极重的匮乏感。他们在长大后也会讨好别人，委曲求全。

讲到这里我们就知道了，培养孩子独立健全的人格和思想，是教育孩子的重点。我们希望看到的是孩子将来走向社会之后，能够独立自主地面对问题，毫不畏惧，勇敢寻求解决办法，而不是逃避问题，或者妥协退让。因此，父母对孩子想法的尊重和理解，是孩子自信人生的开始。

问题 36　家长如何对待孩子的"小秘密"

　　一位家长说，他的孩子从小很听话，也喜欢和父母聊天，不隐藏任何秘密。但随着年龄的增长，孩子开始有了自己的秘密，不再和父母说了。

　　每个人心中都有不愿意告诉他人的小秘密，孩子也不例外。特别是处在青春期的孩子，总是喜欢写日记，然后将日记锁在抽屉里，在朋友圈对自己的父母和长辈设限，似乎有什么秘密。其实这是一种很正常的行为，这种行为体现了孩子的独立意识和自尊意识开始萌发，他拥有了自己的隐私世界，不再像童年时期那样，有什么话都愿意对家长说。隐私世界是孩子自由个性的集中展现，包括家长在内的任何人都不能随意进入他内心的警戒线。

　　而有些家长不理解，经常会以关心孩子、对孩子负责为借口，想方设法翻看孩子的日记，偷听孩子的电话，随意进出孩子的房间，翻孩子各种隐秘的东西，最后导致孩子反感。

其实家长的这些行为从本质上来讲都是对孩子关心不够、缺乏信任的表现。经常有这种侵犯孩子隐私权的行为，会对孩子的心理造成很大的伤害，最后会伤害亲子之间的关系。

如果孩子有太多的秘密不告诉家长，家长如何做到保持和孩子之间的正常沟通呢？我给大家几点建议。

首先，家长必须清楚，想有自己的隐私空间是青春期孩子在成长过程中的一种正常的心理现象。同时，这也是一件好事，这表明孩子已经开始意识到自己的内心世界，开始慢慢形成自我意识和责任感了。这个年龄段的孩子常常会通过反思对自我进行塑造。他们不知道自己是什么样的人，以及自己要成为什么样的人，所以，经常会用写日记、独处等行为反思自我、探索自我、塑造自我。

其次，这个年龄段的孩子是渴望沟通的，他们经常会在社交网站上和网友聊天，跟好朋友彻夜长谈。他们内心是渴望被理解、被接纳的，为什么他们不和家长交流？原因在于，家长的控制、不理解、评判太多了，导致他们对家长失去了信任，从而对家长封闭了内心。

家长要多学习关于沟通理解的课程，在日常生活中建立起孩子对自己的信任感，营造家庭中平等、民主、包容、宽松的气氛和行为模式，使孩子感受到自己和爸爸妈妈之间不仅仅是血缘上的亲子关系，更是可以信赖的朋友。

再次，家长可以经常和孩子聊聊自己年少时的秘密。当你跟孩子分享你的秘密的时候，孩子自然而然容易把他的秘密告诉你了。而且在多数情况下，孩子把秘密说出来之后，你会发现这其实也没有什么大不了的。当孩子跟你分享他的秘密之后，切记不要随意向他人泄露，一定要替孩子保守秘密，要加强亲子之间的信任感。

最后，家长要多与孩子沟通，及时发现问题，并给予支持和理解。我刚才也提到，这个年龄段的孩子强烈渴望被他人理解，家长应选择恰当的方式与孩子进行沟通交流，前提是孩子愿意跟你聊，不愿意聊就再等等时机。

家长可以借助新闻事件、社会热点、文学或者影视作品引出话题。如果孩子仍羞于表达或者不知如何表达的时候，你也可以用写信、发信息的方式交流。另外，在运动、玩游戏的过程中巧妙地开始话题，也是一个不错的方式。

当家长和孩子之间实现了有效沟通，增强了彼此的信任，孩子就会愿意向家长透露他们的秘密，在做很多事情前都会和家长商量，避免大事发生。

问题 37　孩子输不起

在与有些家长的沟通中，我发现有些孩子在一些考试或者比赛中，一旦没有发挥好，取得的成绩与自己期望值相差较大时，就会表现出非常消极和否定自己的情绪。不仅在学习上，在生活中也是如此，孩子可能有些小事做不好，或者做得比别人差，就会难以自控，抗挫折能力较差。现在有个词用来形容这样的孩子：输不起。

有些家长认为，孩子输不起是太想赢了，说明孩子很要强，有很强的上进心，能在今后的学习和工作中保持很强的动力，将来一定能有出息。但事实是孩子现在输不起的话，未来也赢不了，因为他的抗挫折能力太弱，将来经受不住风雨。

他会因为要强而变得患得患失，只想赢无法接受输，甚至有的孩子会对别人的成功抱有深深的嫉妒和敌意。这种输不起的孩子一般脾气很差，人缘也会相应地变得很差，做事情可能就无法得到大家的拥护。

有两类家庭最容易养育出这种抗挫折能力差的孩子。

第一类是完美型家庭。家长对孩子的方方面面的期望和要求都很高，对孩子赞赏少，认可不多。在这样的家庭环境中生活，孩子会特别累，时时刻刻想证明自己的价值，当达不到家长预期的时候，就会开始怀疑自己，会有情绪。

第二类是替代型家庭。家长会对孩子生活中的事情进行各种替代或包办，导致孩子没有自己经历困难和解决问题的机会。本来家长是好心，但是这种行为只能使孩子丧失处理各种事情的能力，遇到挫折会无法承受，甚至有耍赖、逃避、退缩、放弃等表现。

想让孩子走出"输不起"的困局，要从改变家长的观念开始。我给大家几点建议。

首先，家长要接纳孩子，给孩子无条件的爱。当孩子做某件事失败了，家长不要比孩子的情绪还大，一上来就责骂孩子。家长要明白这是一件好事，每一次失败都是孩子成长的机会。要让孩子感受到：他成功了，爸爸妈妈会爱他、信任他；某件事做失败了，爸爸妈妈对他的爱和信任依然不变。这会在第一时间帮孩子建立起一个稳定的自我。有了家长这样的安抚，孩子的内心才不会觉得恐惧、害怕，行为上也就不会偏激了。

其次，家长要感受并及时肯定孩子的真实情绪。家长应该学会观察孩子受挫时候的情绪，并及时帮助孩子稳定情绪，这样才能正确地引导孩子自己去面对挫折，调整心态。例如，孩子在一次比赛失败后，很容易产生情绪波动，家长应该及时安慰，并且告诉他："爸爸妈妈并不在乎你的输赢，你的表现很棒，你可以和那么多优秀的小伙伴一起比赛，说明你很出色，只要你努力了，真正享受了这场比赛，学到了东西，就是最重要的。"

如果此刻孩子还是会哭会闹，会有自己的情绪，那也没关系，家长陪伴就好，认真聆听孩子说出的每一句话，并做出积极的回应，适当给予鼓励。另外，家长也可以拿自己的经历现身说法，告诉孩子爸爸妈妈在工作和生活中也会遇到各种挫折，也会伤心难过，然而自己并没有被困难打倒，以及自己是如何面对并战胜困难的。这也是一次很好的挫折教育交流。

最后，家长要在孩子情绪平静时，帮助孩子总结经验，强调努力的过程，而非能力和结果。我用孩子考试成绩下降这件常见的事情来举例。当孩子心情平复后，家长可以帮助孩子做卷面分析，分析孩子的漏洞和提升点，及时总结经验。家长也要肯定孩子过去一段时间做出的努力，可以对孩子说："爸爸妈妈知道你为这次考试付出了很大的努力，每天都在努力地复习，你值得拥有更好的成绩。"当家长强调了孩子努力的过程的时候，孩子就会感受到爸爸妈妈对于自己付出的认可，在下次考试中，孩子一定会用更努力的付出，取得更好的成绩。

教育的本质从来不应该是塑造一个完美的人，而是帮助孩子实现自我塑造。真正的输赢，不是一时的荣辱所能决定的。今天赢了不等于永远的赢，今天输了也只是暂时没有赢。家长要教会孩子正确看待输赢，勇敢接受挫折。不断试错的孩子，就像一把经过磨砺的利剑，在变化多端、困难重重的人生路上，定会披荆斩棘，所向披靡。

问题 38　孩子对父母有报复心理

一位妈妈说，她和丈夫离婚后，上初二的孩子和她生活在一起。她要赚钱养家，对孩子关注较少。孩子在六年级时开始喜欢上网，沉迷于各种游戏。她当时特别焦虑，认为孩子再这样下去这辈子就毁了，于是把孩子送到了专门戒除网瘾的机构。

孩子在那里待了三个多月，回来后就像变了一个人，开始"报复"她，比如花钱买各种名牌衣服、鞋子、数码产品，动不动和她吵架等。后来经过了解才知道，孩子在那个机构里经常被打，身心遭到了极大伤害。她很后悔，也向孩子道歉了，但是她仍然不知道接下来怎么办才好。

我真的不建议家长把孩子送去各种戒除网瘾的机构。不少打着"戒除网瘾"旗号的机构和组织，用强行控制、打压的方式来管理孩子，这不但戒不掉孩子的不良行为，还会给孩子内心带来不可磨灭的伤痛，更影响了孩子和家长之间的关系，让彼此间出现很难弥补的裂痕。他们不但不能帮助孩子戒除网瘾，还会让孩子产生更严重的问题。

我们在新闻上已经看到过太多类似的报道。这些机构的管理方式都是打骂孩子，对孩子做各种体罚监管，或者禁闭恐吓。有的孩子不堪忍受会选择自杀，造成不可挽回的悲剧；有的孩子从这种机构出来之后会留下心理阴影；还有的孩子就像前文中的男孩一样，会对家长怀有很深的怨恨和敌意，会做出很多报复父母的行为。孩子报复父母和父母脱不了干系，也只能由父母来解开这个心结。

一般来说，处在青春期的孩子在什么情况下，容易出现对父母的报复心理和行为呢？简单来说，孩子在感受不到父母的爱，并且受到伤害时，会产生报复心理。正如案例中的这对母子，孩子在戒瘾机构被人打的时候，他是感受不到爱的，又是妈妈把他送到这种地方的，他就把在机构受到的委屈和把别人给他造成的伤害都归因于妈妈的行为，于是对妈妈产生了恨意和报复心理。他挥霍妈妈挣来的钱，提出无理的要求，和妈妈争吵……用这些方式去抒发自己心里的痛苦。

如果你的孩子也有类似的报复行为，请你一定要好好地反思一下自己的行为。孩子一定是长期受到了身体或者精神上的虐待或者忽视，不然他不会产生将自己的痛苦转嫁给别人的想法。换句话说，这也是孩子的一种自我保护本能。在报复时，力量感强的孩子往往很暴力，并想尽办法去伤害别人；而力量感弱的孩子则会耍小脾气，反复无常，有时候甚至会伤害自己，这样的孩子往往会认为自己是被忽视的角色，是不被爱的，他的价值感会很低。

讲到这里，家长就应该清楚了，孩子出现报复父母的行为，根本原因是他们感受不到来自父母的爱。不仅如此，还由于长期受到的痛苦折磨无法疏导，从而将恨转移到父母的身上。一个对父母都带着恨的孩子，走入社会也会是偏激的。而且如果孩子发展到自暴自弃，就更可怕了——发展到这一阶段的孩子容易出现自残行为，甚至自杀的倾向。

如果你的孩子开始有以上的意识和行为，我建议你先恢复和孩子之间的关系，同时去学习如何正确地爱孩子，彻底改变教育孩子的错误观念。

问题 39　孩子因被他人嘲笑感到沮丧

一位家长说，自己的女儿因为被同学嘲笑长得黑，就躲在房间里郁闷，连饭都没吃。他告诉女儿不用在乎别人的看法，但没有什么效果。他就给女儿买了两瓶有美白效果的化妆品，她的心情才有所好转。他后来发现，孩子还在网上浏览如何变白的方法。

这位家长问我，当孩子被别人嘲笑而沮丧时，自己要怎样做，才能让孩子不去在意这些问题呢？

其实我们每个人在成长的过程中，都难免会受到别人的嘲笑，或许是偶尔被取笑，或许是经常被嘲笑。这些嘲笑或许并没有太多的恶意，但是对于孩子来说，是一件非常苦恼的事情。家长听到孩子的此类诉说时，即便告诉孩子不要在意，不用理那些人，基本上也不会有太大的效果。

孩子还没有成长到拥有独立思考的能力，特别是在具有自我反思能力之前，他对自己的定位很大程度上来自别人对他的评价和回应——如果周围的人都不关注他，他便觉得自己是不值得被关注的；如果周围的人总是批评他，他便认为自己是不好的；如果周围的人总是嘲讽他，他便觉得自己是比别人差的。这种强烈的挫败感让孩子感到很痛苦，而家长的这句"别理他"，起不到丝毫作用，只会让孩子觉得，即便向家长或他人求救，也给不了他任何帮助。

家长应该做的就是尽早帮孩子建立起对自己客观、全面的认识——别人是如何看你的并不重要，你自己是如何看待自己的才是最重要的。家长是孩子的一面镜子，家长给予孩子的评价，是孩子建立自我认知最重要的来源和基础。

我要强调一点，家长千万别嘲笑孩子的长相。长相是孩子无法改变的，如果家长真心觉得孩子是美的，同龄人再怎么嘲笑，也不会对孩子造成心理伤害。但是，如果家长也嘲笑孩子的长相，那么孩子心里就会认定自己是比别人丑的，也会一直在意这一点。

我们经常会在新闻中看到一些原本并不丑甚至很漂亮的孩子执着于整容，很大原因是对自己外貌的不接纳。

> 我的妈妈年轻时皮肤白皙，长得很漂亮，但是我长得黑了一些。妈妈也总是觉得我的外貌要是随她的优点就好了。由于在我成长的过程中，妈妈总是念叨这件事，我就对"我长得黑"这件事特别在意，并且一直因为这件事没有自信，甚至还为自己能够变白一些，偷着涂过妈妈的化妆品。
>
> 直到我17岁时，表姐来我家住，才改变了我对外貌的看法。我的表姐长得很漂亮，打扮也很时尚，我很喜欢她。表姐曾对我说："你看你长得多帅气，你的皮肤颜色刚好和我喜欢的明星的肤色一样，很酷，也很有魅力。"得到了表姐的夸奖之后，我就逐渐转变了对外貌的一些看法，也就不再介意"我长得黑"这件事了，反而会把皮肤黑当成自己的优势和特点。

这是我的真实经历和感受。我用这个例子告诉各位家长：我们一定不要拿孩子开玩笑，这可能会对孩子造成伤害，而这样的伤害有可能会伴随孩子一生。如果孩子没能建立起对自己的正确认知，那么终其一生，他都会认定别人眼中的自己才是真正的自己，只能活在别人的看法中，做任何事情都只是为了证明给别人看。当别人说他好的时候，他就会以为自己真的好，会非常开心；当别人说他不好的时候，他便以为自己是真的不好，就会非常痛苦。

不要轻易嘲笑别人，每个人的言语都有可能是看不见的刀子，一不留神就会扎进对方的心里，让对方一想起来就觉得很疼。

如果孩子被别人嘲笑，家长应该如何做呢？

首先，要耐心地听孩子诉说，认真地听孩子讲述整个事件的过程，这样你才能有针对性地帮助孩子。其次，在听的过程中，家长要理解孩子的感受，这样才会让孩子信任你。再次，你可以给孩子讲你小时候类似的经历，让孩子感觉不会那么孤独，当他知道每个人都经历过被他人嘲笑这件事，伤害就会减小。最后，你可以同孩子一起探讨这些问题的解决方案，陪孩子一起商量有效方法。

赞赏、认同、接纳，对孩子的成长很重要，是孩子建立内心认知秩序的基础因素。孩子内心逐渐强大了，有足够的信心和自我认同，他就不会依赖他人对自己的认知来定位自己了。

问题 40 孩子爱攀比

一位家长说，他的女儿想买一双名牌运动鞋，价格要 1000 多元。家长认为，孩子长得快，今年买了，可能明年就穿不了了。他们是普通的工薪家庭，就想给孩子买一双价格适中的鞋。可是孩子不同意，哭闹不止，说自己的同学都穿名牌鞋。这让家长很是为难。家长认为，孩子这么爱攀比，可能是受到了周围小伙伴的影响。

我很理解这位家长的心情，因为在有些学校里，孩子之间的攀比现象确实很严重，他们会讨论谁的衣服漂亮，谁家房子大，谁过年的时候压岁钱收得多，等等。

孩子好攀比，家长的心情也会很矛盾。一方面，作为家长，我们不希望孩子过分追求物质；另一方面，想起我们小时候看到别的小朋友都有的东西，自己也想要的心情，我们又很理解孩子。

要解决这个问题，家长首先要了解孩子攀比心态形成的原因。一般来说，孩子爱攀比的原因主要有两点。

第一，同伴压力。儿童心理学家让·皮亚杰曾提出，儿童在"童年时代有两个世界"，一个是父母和儿童相互作用的世界，另一个是同伴的世界。他认为，同伴对儿童的发展起着与父母同样重要甚至更重要的作用。在同伴的世界里，孩子会在不知不觉中屈从于一种看不见的力量，叫作"同伴压力"。

这种力量是无形的，身在其中的孩子根本意识不到，他们会不由自主地对它做出配合和反应。同伴压力最重要的一个表现形式是："要和同伴一样。"比如，如果一群男孩在一起谈论网络游戏，一个男孩走过去，不由自主地就想融入话题，模仿尝试。

这是人类的一种本能，因为人类都需要归属感和接纳感，都希望获得别人的认可。如果一个孩子身处一个集体中，却不能和这个集体在各个方面保持一致，他可能就会被集体中其他成员排斥，甚至被羞辱、被孤立。他只能再去找其他的集体，最终要寻找的是一种心理需求——终于找到归属了，终于有人接纳我了。

第二，成人的影响。孩子之间有攀比，然而攀比首先是父母和老师教给孩子的。父母喜欢用别人家的孩子和自己家的孩子相比较，整天讲："隔壁王阿姨家的孩子总是一到家就写作业，写完作业再看电视，你看看你，天天就知道玩。"有时候父母不仅拿别人家孩子进行比较，兄弟姐妹间也会被父母拿来比较："你姐姐像你这么大的时候都知道帮助家里做饭了，你现在什么都不会做。"

不仅父母会比较，老师也会在孩子之间进行比较：比学习，比才艺。

学校、家庭共同组成了人生大学堂，这个大学堂几乎覆盖了孩子所有的生活范围。成人的世界是儿童学习的模板，成人的一举一动、一言一行都在对孩子进行价值观输出，成人攀比的行为也会影响孩子的行为。

有的家长可能会问，如果说每个孩子都在攀比的环境中长大，为什么别人家的孩子没有学会攀比，而自己家的孩子却很爱攀比、爱虚荣？因为环境的影响只是一个方面，最主要的原因是孩子的自卑、缺乏安全感，以及找不到价值感。

很多孩子对贵重物质上瘾，如同网瘾、购物瘾一样，这类型的孩子较为看重同伴关系，如果没有人和他玩，他就找不到价值感。

家长应该怎么做？我给大家几个建议。

第一，家长要及时肯定、认可孩子，给孩子自尊自爱的底气。孩子之间的攀比无非就是想借助外物证明自己比别人强，这说明孩子还不足够自信。家长要在生活中不断找到孩子的优点，及时肯定孩子，让孩子知道自己是最独特的个体，帮助孩子培养自信心。

第二，家长要帮助孩子树立正确的价值观。有人曾经开玩笑说，如果家长不教孩子如何打扮，等到孩子和他们的朋友学习，穿着奇装异服回家的时候，家长就不要发脾气了。这句话的意思是，如果家长没有给孩子树立正确的观念，孩子就有可能被带偏。

第三，不管家庭经济条件如何，家长都不应该随意答应孩子的无理要求。家长应该冷静下来客观思考，只有当孩子真正需要的时候，才能适当购买一些孩子想要的东西。家长适当拖延或者拒绝孩子的要求，还可以培养孩子的忍耐力。

第四，孩子的攀比通常也是对家长爱慕虚荣的反映。家长可以反思一下自己的行为，看看自己是否也爱攀比。其实，教育孩子的过程也是家长自我成长的过程。父母的言行对孩子的成长有很大影响，父母懂得不卑不亢，懂得知足常乐，孩子才能健康成长。

问题 41 孩子成了"妈宝男"

有一个比较有意思的话题，就是关于"妈宝男"的养成。妈宝男顾名思义，指的是成年之后还活在妈妈的庇护下，缺乏独立自主意识的男性。这种男性不管到了什么年龄，不论对错，凡事都只听他妈妈的话。

妈宝男典型特征就是没有责任感，因为从小被妈妈宠着，什么都不用操心，所以他们在婚姻里也会缺少责任感，也没有家庭概念。他们缺乏担当，在遇到任何问题的时候，不仅不承担责任，还喜欢推卸责任。他们没有解决问题的能力，只会一味地责怪、抱怨对方，或者逃避处理。

妈宝男最重要的一个表现就是没有主见。他们遇到事情，最常说的就是"我妈说",并且不管对错,都顺着妈妈的意思来。

为什么这些男孩在成为男人之后,依然无法进行心理断奶?我们从"妈宝"这个词就已经知道了原因,这个词里有两个人物——妈妈和儿子,其实是这两个人的养育关系出了问题。

一般情况下,一个事事都要听妈妈意见、和妈妈商量的孩子,必然有一个控制欲强的妈妈。有许多妈妈过于关注孩子,爱的控制成了她们惯用的伎俩。她们的人生已经没有更多可能,她们对分离和失控感到焦虑和恐惧,于是她们把自己的人生和孩子的人生捆绑到一起,去寻找存在感和价值感。

控制型母亲最典型的特征就是希望孩子孝顺听话,她们看不到孩子的真实感受,只是把自己认为对的事情强加在孩子身上,努力把孩子打造成所谓的好孩子。同时,她们最喜欢做的就是不断地为孩子做出选择,并且以爱的名义,让孩子无从反抗。这些在母亲控制下的孩子,通常会在成年后表现出不自信、依赖母亲,甚至会缺乏生命力,产生抑郁焦虑、社交障碍、亲密关系障碍等问题。

除了控制型母亲会养育出这种孩子外,有恋子情结的母亲也会培养出这种孩子。夫妻关系占家庭关系中的首位,良好的夫妻关系是家庭的定海神针。然而,有一些女性经常在婚姻关系中感觉自己不被丈夫重视,情感缺失,于是她们将情感寄托在儿子身上。儿子在家庭关系中不再是单纯的小孩子,而被母亲推上男人的位置。这种错位一方面让孩子感觉自豪，他会觉得"看我多重要，妈妈爱我胜过爱爸爸"；另一方面让他不能安心做小孩，他要承担起母亲对父亲的感情需要，内心不堪重负，造成吞没创伤，这种创伤会导致他在成年后对女人的感情冷漠封闭，因为他一面对女人就会想起童年时母亲给他带来的那种沉重感。

当然，也会有一部分妈宝男会很体贴女人，对女人温柔有加，那是因为他们从小在和母亲的关系中学会了讨好母亲，所以他们初期会和女性朋友相处很融洽。但是他们恐惧真正的亲密关系，一旦确立关系，他们的情感会越来越封闭。由于母亲的过度付出会让儿子有愧疚感，结婚后，他们会在潜意识里认为妈妈"把我养大不容易"，"要孝顺她"，所以，他们依旧事事听从妈妈的意见，不违背妈妈的意愿。

妈妈的情感极度孤独，没办法舍弃自己对儿子的占有欲，而孩子又习惯妈妈的关爱，也没办法割舍，两者共同造成了这种关系。这种关系很难破除，除非母子俩能同时认识到自身的问题，渴望自己成长，愿意从病态纠缠中走出来。

在亲子关系中，父母学会放手远比控制孩子难得多，然而这正是为人父母一辈子的课题。爱是深深的理解和接受，愿父母们都能给孩子真正的爱和自由。如果爱孩子，就要让他有自己的空间，不要对他多加控制。

问题 42　孩子成了霸道女孩

在上一节里我们讲过"妈宝男"是怎么养成的，本节我们来分析一下霸道女孩是怎么养成的。需要明确的是，本节提到的霸道女孩不等同于"女汉子"。我们如果称一个女孩为女汉子，是想彰显她独立、自信、能干、吃苦耐劳等优良品质。而我们下面将要分析的霸道女孩，通常指的是生活中比较强势、霸道、挑剔的女孩。

有的家长认为，女孩霸道一些也没有关系，以免被别人欺负。我们先来看看霸道女孩是怎么养成的。

通常情况下，霸道女孩在成长过程中离不开一个强势的母亲、一个边缘化的父亲。这些母亲的强势更多地体现在性格上，喜欢在家里说一不二。

一个家庭中母亲很强势、父亲很软弱时，对孩子来说是一种灾难。一个健康的家庭中，父亲的角色举足轻重，甚至起到决定性的作用。我们常说丈夫、父亲是家里的顶梁柱，不仅仅指他承担家庭经济的重担，更指他应该在家庭中起到主导作用。父亲的缺失或者父亲的软弱，甚至父亲的边缘化，会导致母亲变得更加强悍。从孩子总会向同性父母一方形成认同的这个角度上来讲，女儿会严重受到母亲的影响，自然而然，也会像母亲一样强势霸道。

如果这种霸道女孩在成长的过程中，总是看到母亲对父亲有太多的愤怒情绪，那么她长大后也会把这种情绪转移到亲密关系中，总是对男朋友或者丈夫莫名其妙地发火，她会用自己的意志控制家庭和孩子。她也会像母亲一样，对很多事情都指手画脚，看不上丈夫和孩子，要求子女都要听自己的，凡事自己说了算，操控丈夫和孩子的生活。她经常喜欢监视老公和孩子的一举一动，要对孩子的行踪了如指掌。

在这种强势的妻子面前，男人会失去尊严和面子，在亲戚朋友面前抬不起头来。而且她不分场合、不分时间对丈夫各种呼来喝去，丈夫自然会心怀不满，导致夫妻关系出现问题。最重要的是她会在婚姻中把丈夫管得很死，让丈夫在婚姻中过得很压抑，找不到自己的价值感，甚至导致婚姻破裂。

而在这种强势的母亲面前，女儿选择的是无条件的认同，儿子选择的是无条件的逃避。所以你会发现，假如母亲每天对着家里其他人唠叨，时间久了，女儿可能会模仿母亲，变得尖酸挑剔，而儿子则始终处于防御地位，怕受批评，尽量寻找机会表现他们的恭顺，因为当女性总是指责批评丈夫的时候，其实是在指责、批评家里的一切男性，儿子作为男性必然会跟父亲一样躲在无人的角落。

当一个性格过于强势的妻子喜欢嘲笑、奚落丈夫的时候，她其实也等于把这种嘲笑和奚落甩给了她的儿子。所以，强悍的母亲很大概率会有一个懦弱的儿子,她越指责丈夫懦弱,儿子也会变得越懦弱。

我们也发现了一个现象:女儿在反抗母亲霸道专制的同时,也继承了母亲的这种性格,同时顺理成章地把这种母女关系带到她和她未来的女儿中,一代代传递下去。

一个聪明的母亲,一定会让孩子在心目中对父亲有良好的认知,总会让孩子感受到父亲的存在,自己也会懂得尊重、赞赏丈夫。

当然做父亲的也不能逃避责任,也要争取多参与到家庭事务的决策上来,多关心妻子,多关心儿女,毕竟在一个健康的家庭环境中,父母都不能缺位,只有正确的教育才能让孩子健康成长。

问题 43　孩子缺乏自尊

一个孩子跟我说过,他很讨厌自己:学习也不好,长得也不漂亮,做什么事情都不成功,也不会拒绝别人的要求,可是每次总是帮倒忙。他认为自己没有优点,一事无成。和父母倾诉后,他们也不理解他的想法,并且认为他太敏感。他问我,像他这样的孩子是不是不讨人喜欢，也不容易让别人记住。

我非常心疼这个孩子。在几百期的训练营中，我也看到过许多类似的孩子。这类缺乏自尊的孩子总是太在意别人的眼光，把别人对自己的评价放在心上。每天不止一次地想：要是我当初这么做，爸爸妈妈就不会生气了；要是时光会倒流，我绝对不会做这样的蠢事；等等。

他们总是会拿过去犯的错误惩罚现在的自己，拿现在犯的错误来约束未来的自己，拿别人犯的错误惩罚自己。无论发生什么，他们总是习惯性地把所有带攻击性的情绪都指向自己。这种自我评价低的背后，是无处安放的负面情绪和过高的自我期待之间产生的矛盾。

当无法满足自己的期待后，他们还可能会贬低别人。一个人越是内心缺乏什么，越是喜欢显露什么。有些自我评价低、自尊程度低或者缺乏自尊的孩子，对自己极度不自信，觉得自己事事不如别人，但是表露在外的是另一种姿态，就是拼命说别人的不好。

这类孩子往往希望通过贬低别人获得自身心理上的优越感。但是，这只是一种虚假的心理优越感，唯一的好处是让自己舒服，除此之外，没有其他益处。在现实生活中，这种人经常会体验到挫败感，所以经常见不得别人比他好，通过贬低别人达到一种心理平衡的状态。

这类孩子经常会渴望成为被别人羡慕的人。他们总是认为自己什么都没有，低人一等，时常陷入自己的情绪里，无法自拔。他们觉得周围的人活得很洒脱。跟别人同时做一件事时，他们也总觉得别人比自己做得完美。他们并不是羡慕别人，而是更想得到他人的关注和喜欢，归根到底还是因为看不到自身的优点，从心底不认可自己，才希望可以成为自己羡慕的那个人。

此外，这些孩子容易把他人的意见和看法当成指责。别人可能是在好心地帮他，给他提意见，但是他自身的投射就会认为别人是在指责他，认为他做得不好。

为什么孩子会变得缺乏自尊，自我评价低，甚至自我厌恶呢？这跟孩子的成长环境脱不开关系。

有些父母对孩子过度苛责，孩子就会变得自我厌恶。尤其是父母在批评孩子的时候，不仅仅批评事情，还对孩子进行人身攻击，而孩子没办法进行分辨，就会把父母负面的言论加到自己的身上，认为自己很笨，不聪明，不讨人喜欢。次数多了，便会有了"我什么都不好"的思维方式。

还有一种父母并没有过度挑剔，但是孩子还会成为低自尊或者缺乏自尊的人。最主要的原因是在孩子成长的过程中，父母没有及时给予孩子鼓励，导致孩子从没得到过父母的肯定。这就给孩子传达了一个错误的信息：我做不到让父母满意，是因为我不够好。

另外，没有办法和父母建立起亲密关系的孩子也容易缺乏自尊，因为父母的疏离感经常会让孩子陷入孤独的困境。在面对挫折和困难的时候，孩子没有得到关爱和帮助，就会认为是因为自己不够好，父母才不喜欢自己，就会变成缺乏自尊的孩子。

那么父母如何让孩子有自尊？有几个建议供大家参考。

第一，要看孩子的优点，增加孩子的优势。当孩子考了90分时，很多父母看到的往往是孩子丢掉的10分，而不是孩子得到的90分。当孩子数学、语文成绩特别好，英语成绩不好时，父母就会天天说孩子的英语成绩差，很少夸奖孩子数学和语文的优势。这就是父母在用劣势视角看孩子，孩子自然而然会放大自己的不足，认为父母的关注点就是事实，自己就是这样的。慢慢地，父母这种关注孩子的方式也会变成孩子看待自己的方式，孩子会变得否定自己、讨厌自己。所以，父母要多看孩子的优点，多和孩子分析他的优势，让他有价值感和认可感。

第二，父母要教会孩子把人和事分开。孩子在成长过程中，无论是生活，还是学习，做事失败是很正常的，和别人发生不愉快也是很正常的。父母要和孩子一起分析为什么会出现这样的情况。孩子可能在做事的方面经验不足，有待提升。父母如果能接纳孩子的不足，和他一起改正缺点，提升各方面的能力，我相信孩子会改变错误的想法，并正确地看待自己。

第三，父母要经常给予孩子爱和关怀。当孩子有了父母的爱后，他就有了敢于担当的有力后盾。不论是好是坏，他都坚信父母是爱他的，他就会有安全感和价值感，就会接纳自己的不足，大方承认自己的能力有限，就不会为此而自卑，逐步建立起自尊。

只有当孩子感受到自己是被爱包围时，他才能确认他是有价值的，他自己的价值感才会彰显出来。家长的爱对孩子来说意味着安全、关注、自信心和生命的活力，因此，好好爱孩子是每一位家长的必修课。

问题 44　孩子青春期叛逆

有的家长认为，孩子在青春期叛逆是正常现象，不用去管，过了青春期就好了。也有的家长对待青春期的孩子很是焦虑，问我如何应对孩子在青春期的叛逆行为。

在回答这个问题之前，我想给大家讲一个故事。

> 有一个少年，刚刚过完 17 岁生日，虽然他看上去还是满脸稚气，但是他已经长得很高大——妈妈只到他肩头

的高度，爸爸和他说话时，也要经常仰视他。少年从13岁时就成了父母嘴里的叛逆少年，和父母顶嘴、不听父母的话已经成了他和父母沟通的方式。

有一天，少年的父亲请他吃了一顿饭，进行了父子之间的倾心交谈。父亲问他不再乖巧的原因。少年回答父亲说，自己已经长大，不想过自己父母的这种生活，他想过上自己想要的人生，需要寻找自我。

父亲叹了口气，问他打算怎么寻找。孩子回答说，他需要一个行囊、一个指南针，去一座没有亲戚朋友，和父母没有任何关系的城市，独自靠自己的力量生活。父亲想了想，同意了少年的想法，表示父母等他回来。父亲给了少年一些钱，少年从此离家，开始了寻找自我的旅程。

少年真的去了一个离家很远的地方，在那里没有老师和父母的唠叨，当然也没有父母的嘘寒问暖。很快，父母给的钱就用光了，少年想到了放弃回家，但是又怕家里人的嘲笑，于是他咬了咬牙，决定去打工坚持下来。为了生存，在家里都很少干活儿的少年去打零工、做保安、当服务员……干过各种工作。

> 少年才发现劳累了一天之后，自己需要的不过是温暖的饱饭和干净的床，曾经唾手可得却被他弃之如敝屣的生活，才是他想要的。
>
> 少年在饱尝世事艰难后，才理解了父母的心，也懂得了父母的不易。终于，在新年即将到来时，他拨通了家里的电话。父亲对他说，如果他已经找到了自己想要的东西，就赶快回来吧。少年听后热泪盈眶。他用打工赚来的钱给父母买了两件衣服，回到家中，和父母一起开心地过年了。

这个少年多么像曾经的我们。青春期的叛逆，我们每个人都经历过，只不过我们都忘记了而已。著名心理学家爱利克·霍姆伯格·埃里克森认为，青春期的孩子之所以叛逆，是因为其处于一个建立自我同一性的过程。自我同一性是青少年探寻自己和他人的差别、认识自身、明确自己更适合哪种社会角色的过程。简单来说，其实就是一个人对"我是谁""我会成为什么样的人""我如何适应社会"等问题进行探索的过程。

处于这个阶段的孩子渴望得到成人认同，证明自己的价值，因此他们通过叛逆的行为向世界证明：自己已经长大了，不再是家长眼里的小孩子了，再也不是可以随便操控的棋子了。家长在这个过程中，感受到的大部分都是孩子有自己的想法，不听家长的劝告，甚至开始顶撞家长，做许多家长无法接受的事情。家长经常会感到又气又恨，于是给孩子贴上叛逆的标签。

其实哪里有什么叛逆，所有叛逆都来自对束缚和限制的反抗。孩子所面对的，除了他本身就有的生理和心理束缚外，还有周围成人所刻意营造的各种限制。家长在指控孩子叛逆的同时，也正好暴露了叛逆的根源——家长对孩子过度呵护，进而演变成对孩子的控制和压制。

因此，家长在指责孩子不听话、叛逆的同时，也应该反省一下，自己是不是束缚了孩子的身心，是不是没有给孩子足够的空间和足够的理解。

如何面对青春期的孩子？在这里我给家长几点建议。

首先，家长要学会停止，停止唠叨，停止对孩子的抱怨，停止所有的不满。如果不停止，我们就会持续沉浸在各种情绪里，不仅不会解决任何问题，还会在我们和孩子之间制造更多的问题和矛盾。

其次，家长要学会发现，尝试发现孩子的优点，看见他的小进步，并用语言和行动表达出来，多赞美孩子、鼓励孩子。处于这个阶段的孩子很在意别人对自己的评价和认可，尤其是最亲近的人，因为每个人都需要存在感。这种认可和评价会让孩子变得自信，让孩子有更多前进的动力。

最后，家长要学会放手。如果没有涉及原则性的问题，家长大可以让孩子自己去做主，但前提是需要讲明孩子要承担责任。有时候，家长多次的说教也比不上孩子一次的独自体验。家长学会放手，孩子才有选择权，而从小就有选择权的孩子，也会有独立性和主见。

孩子有了自己的主见，会渴望摆脱对家长的依赖。这是可喜可贺的事情，如果他凡事都依靠家长，那才是令人担忧的事情。试想，一个孩子渐渐长大成人，到了20岁、30岁，仍然啃老，仍然依赖家长，没有独立生存的能力，是多么可怕的事情。

家长要舍得放手，舍得放下家长的角色和权威。只有这样，才能做到尊重孩子，不替代孩子的人生，给孩子更多做选择的机会。

讲到这里，可能会有许多家长担心，这样的教育会不会就是放纵孩子，任其为所欲为了呢？其实，家长一点都不必担心孩子不受制约，爱和理解完全可以真正地引导孩子。

因此，面对孩子的叛逆，家长最重要的就是认清事实的真相，并不是孩子叛逆，要和家长对着干，而是有一个渴望长大的孩子想活出自己。而家长要做的就是随着孩子的变化不断地成长，改变自己，真正帮助孩子。

问题 45　孩子经常嫉妒别人

孩子喜欢嫉妒别人怎么办？在生活中，有的家长会看到这样的现象：当你夸奖谁家孩子有进步的时候，你的孩子就会说出诋毁的言语，会不开心地攻击那个孩子；有些孩子看见别人穿得、吃得比自己好，就开始讽刺别人；家中有多个子女，其中一个孩子看不惯爸爸妈妈宠爱其他兄弟姐妹。这些现象都表明孩子产生了嫉妒的情绪。

嫉妒是一种很复杂的情绪，它包含了羞愧、愤怒、怨恨等情绪，是一种综合情绪的展现。这种情绪在孩子很小的时候可能就会存在了。比如说 15 个月大的孩子看到妈妈当着他的面抱别的孩子，就会有所反应。他会通过哭闹等方式，让妈妈放下别人，来抱自己，并且他会紧紧地搂住妈妈，好像在说，这是我的妈妈，不是你的。

而大一点的孩子听到自己的父母夸赞了其他小朋友几句，就会嫉妒，可能会对其他的小朋友有不友好的举动。如果别的小朋友有好玩的玩具、漂亮的文具，自己却没有，他心里就会不舒服。

有的时候我们也会看见这样的场景：两个孩子玩游戏玩得好好的，一个孩子看见别人积木搭得又快又好，自己却怎么也搭不好，他就很着急，索性把两个人的积木全推倒了，然后说，"我搭不好，你也别搭成"。如果我们细心观察，就会发现生活中有很多这样的例子，嫉妒在每个孩子身上的表现各不相同。

孩子爱和别人比较，是孩子自我意识发展的表现。孩子有了"你、我、他"的概念后，常常会有比较心理。但是，同样是比较，有些孩子会看到自己和别人的差距，从而产生追赶的动力；有些孩子则会因此心生怨念，不但不服别人，还会诋毁别人。当家长发现孩子有嫉妒心理时，要意识到这既是一个问题，也是一个机会，只要家长在引导时用对方法，孩子的嫉妒心也可以变成进取心。

我给家长几个建议，仅供参考。

一般情况下，孩子在和别人比较时，目光都放在别人身上，他看到的都是别人比自己好的那一点，完全不想自己的优点。因此，家长要做的第一件事就是让孩子把关注点从别人身上转移到自己的身上，提醒孩子发现自己的优点和长处。

很多有嫉妒心理的孩子，都是自我认同感匮乏的。一个很自信的孩子是不会嫉妒别人的，嫉妒就是因为他不够自信，对自我的认同感不够。孩子自我认同感不够最主要的原因是外在的认可度不够。孩子对自我的认知来自别人对他的肯定，如果父母对孩子的肯定很少，批评很多，又肯定了别的孩子，他就会认为爸爸妈妈觉得他不够好，所以才夸奖别人不夸他。

最常见的现象是家长经常用其他孩子和自己的孩子进行比较，

无论是成绩，还是其他方面，都要比出高低才行。家长本意是希望用这种方式激励孩子，但是这种做法不仅没有达到效果，还适得其反。

因此，家长在平时就要帮助孩子建立自信，要让孩子认识到自己的优点，更要让孩子认识到世界的多样性。家长要让孩子知道，世界上每个人都是独立的个体，大家都是不一样的，每个人都有自己的优势和长处，在你羡慕别人的同时，也有人会羡慕你。对于孩子的特长或者爱好，要多给予鼓励，例如，对于喜欢画画的孩子，家长可以在家中展示他的绘画作品，让他产生一种自豪感。家长也可以让孩子在平时做一些力所能及的事情，像收拾自己的玩具、帮家长擦桌子、洗自己的袜子等，做得好坏并不重要，重要的是他做了，家长要及时给予肯定。

当孩子自己解决一个问题或取得一点进步之后，家长给他及时而具体的表扬，是让他知道家长在肯定他的行为，并且为他而骄傲，孩子的自信会在这些点点滴滴的日常行为中建立起来。孩子只有有自信，才能以一颗平常心对待同别人的比较。

家长还要给孩子建立一种成长型思维和竞合心态。家长在日常生活中要以身作则，当身边人过得比自己好的时候，要正确看待别人的幸福和如意；当别人过得不如自己的时候，也不要瞧不起别人，要多帮忙。让孩子看到，家长是如何看待同他人的比较的，孩子会模仿家长的行为。当别人在某些方面很优秀时，家长要和孩子多分析、学习别人的优点和长处，同时肯定孩子的能力和人品，指出孩子在哪些方面提升就会做得和别人一样好。比如，当孩子嫉妒别人学习比他好时，家长可以和孩子一起分析别人学习好的原因，在学习方法上有哪些可以借鉴和提升，在学习心态上有哪些方面待加强，建立孩子的成长型思维。

此外，家长也要让孩子多关心集体和他人，让孩子学会与别人合作，逐渐培养孩子为他人付出的意识。让孩子明白在集体中只有大家相互团结、帮助，才会有进步；只有合作，才能共赢。

讲到这里，我希望各位家长一定要记住：当孩子不认可自己时，他们就开始评判别人；当孩子不接纳自己时，他们就开始抗拒别人；当孩子没有自我价值感时，他们就开始要求别人；当孩子内在感觉匮乏时，他们就开始折磨别人、折磨自己。所以，家长给孩子足够的爱和安全感是最重要的事。

问题 46　孩子为何会自杀

2020 年初，因为全国新冠肺炎疫情形势严峻，停工停学，家长天天盯着孩子在家上网课，很多亲子矛盾和冲突在这个时间段集中暴露出来，造成了悲剧的发生。

有一个正在读五年级的男孩，在上网课的途中玩游戏，正好被父母看到，父母忍不住训斥了孩子几句，谁能想到，孩子一气之下不顾一切地从楼上跳了下去。等到父母跑到楼下时，孩子已倒在血泊中，孩子的父母捶胸顿足、大声痛哭地喊道："我不该骂你的，我再也不逼你学习了！"

可是一切都已经来不及了，一切都难以挽回。

这种家庭悲剧任谁看了都会痛心，更何况当事人的父母呢。我们必须想想为什么这个五年级的孩子在面对父母的指责时，会想到结束自己的生命呢？压垮孩子的最后一根稻草究竟是什么？青少年自杀事件背后的原因，需要家长去反思。

有人说是因为网课带给孩子和父母压力；有人说是孩子抗挫能力太差，心理脆弱；也有人把孩子自杀怪在网络游戏头上。但没有人想过，也许是以爱之名的父母口中一句看似正常的训斥，成了压垮孩子的最后一根稻草。在此之前，可能孩子的心里不知道积累了多少失望和沮丧，才让他在悲愤中做出这种难以挽回的举动。

孩子小时候饿了、困了、摔倒了或者委屈了，都会扑向父母的怀抱，现在孩子大了却宁愿把自己锁在屋里，宁愿离家出走，宁愿了却生命，也不愿和父母好好交流。然而孩子真的是不愿意和父母好好交流吗？还是孩子可能表达过想和父母交流的想法，却被父母无视或者忽略掉了，以致孩子一次次失望、无助，最后积累了大量消极情绪，选择自杀呢？

不管父母是否承认，每一个问题少年的背后，都有一对有问题的父母。不管父母是有意还是无意，每一对有问题的父母都存在不少的教育误区。

父母明明很爱孩子，可是用错了方式，让孩子不仅离家长越来越远，有的甚至会仇视报复家长。父母明明期待孩子越来越好，可是换来的却是孩子越来越糟的状况。父母明明把一切都给了孩子，但是孩子还不知道感恩，抱怨家长，甚至有的孩子会选择自杀，走上了不可挽回的道路。

为什么父母和孩子之间的关系走到了这样的地步？我们来具体分析一下。

一般来说，孩子的不良行为有四个发展阶段。我们一定要注重孩子每个行为背后的信号，才能更好地了解、引导孩子。

第一个阶段叫寻求关注。处在这个阶段的孩子通常感受不到父母的爱，缺乏安全感，才会做出一些举动希望引起父母的关注，希望得到父母的爱。比如，有的孩子在课堂上不遵守纪律，到处说话，希望引起老师和父母的关注；有的孩子假装生病，希望得到父母的关心；有的孩子故意让成绩下降，只是为了增加父母看管自己写作业的时间。

出现这一系列问题的原因是孩子在呼唤爱。每个人都有被爱和爱人的需求，孩子只有从父母那里得到爱，才知道怎么去爱人。如果孩子长时间生活在忽视当中，他就会觉得自己是不重要的、不被爱的，慢慢就关上了自己的心门。当孩子不再听话或者过分听话的时候，其实都是在向父母发出求救信号，希望父母能看到他，听他说，帮他解决他的困惑。

如果第一个阶段的心理需求长时间得不到满足，孩子就会走入第二个阶段——寻求权利。处在这个阶段的孩子和父母的关系会比较紧张。他们会做很多叛逆的事情，比如早恋、沉迷游戏、穿奇装异服、逃学等。他们想证明自己是独立的人，总觉得自己做什么都可以、什么都可以做好，想尽力摆脱父母，想证明自己。这个时候大部分父母都会选择采用打击、否定和控制等方式，想方设法地让孩子听自己的话。渴望长大的孩子并不会因为父母的控制和恐吓而轻易放弃实践自己的想法，他们会故意和父母对着干，这样就出现了叛逆的行为。

如果这时候父母依然不能正确地理解孩子、认同孩子，并且接纳孩子的行为，仍然在打压孩子，孩子可能就会出现一些报复行为，从此进入第三个阶段——报复。为了报复父母的行为，如冷漠、控制、抛弃，很多孩子会通过反复做父母最讨厌、最害怕的事情来刺激父母，甚至走向歧途。比如，逃课、打架、自杀，甚至违法犯罪。他们企图通过极端的行为报复父母，然而这样做最终毁掉的是他们自己的人生。

如果这时父母依然不懂孩子内心的需求和渴望，孩子就会进入第四个阶段——自暴自弃。一段关系中最糟糕的状态，不是争吵和较量，而是发自内心的冷淡。如果孩子自幼没有得到父母正确的爱，在成长的过程中向父母发出各种寻求关注的信号，却被父母一次次漠视，用叛逆向父母求救时又被强力镇压，孩子复仇不成重新沦入控制之中，他就很容易走入极端——破罐子破摔，丧失活下去的动力，选择自杀。

世界上没有完美的父母，也没有完美的孩子。家长只有不断地学习，不断地反思和改变，孩子才会有所改变。

问题 47　孩子因家庭条件差感到自卑

我通过和许多孩子聊天发现，有的孩子很羡慕那些家庭条件比自己好的孩子，会因为自己的家庭条件不太好而感到自卑。

在孩子成长过程中，相互攀比的情况会经常发生，家长不必大惊小怪。家长应该尽量避免说类似"你以后长大自己努力赚钱"之类的话。尽管家长这样说是为了激励孩子努力学习，却在无意中给孩子灌输了"富有就等于快乐，赚钱才最重要"的错误价值观，让孩子误认为钱是万能的。

家长也不要说"虽然我们家的条件是不怎么好，但也不是很差"之类的话。家长这样说，会让孩子感到自己的意思被曲解了。孩子可能会因此觉得自己无法和家长沟通，从而在心理上与家长疏远。

每个家庭的经济水平不在同一层面，这是很正常的，不能让孩子因此产生越来越严重的攀比心理。

家长要及时引导孩子树立正确的价值观、人生观，避免孩子因家庭不富裕而产生自卑、嫉妒、自私等不良品格，否则会影响孩子以后的发展。

如果家庭条件不太好，则家长必须把快乐、健康、幸福与和谐作为衡量家庭财富的重要标准，而不能只用金钱来衡量家庭是否富有。家长一定要告诉孩子："我们生活在一个快乐、和谐的家庭里，家里有爱你的爸爸妈妈，你又这样好学，只要我们不断进步、不断努力，就会幸福的。"

富裕家庭的家长千万不要对孩子说："我们的一切都是你的。"这样会让孩子认为，家长供他吃、供他穿是应该的，给他富有的生活也是应该的,他学习是为家长学的。这些错误的价值观会导致孩子无法正确对待财富,也没有办法进入自主学习的状态。

问题 48　孩子因自己的外貌感到自卑

当孩子说"爸爸妈妈,我怎么会长得又胖又矮"时,那一脸的委屈足以证明孩子被别人取笑了。这个时候家长一定不要说:"谁说的?在我眼里你一点儿都不胖。"很多家长看见孩子一伤心,自己的心都碎了,他们是想通过这句话来表达在他们心中孩子永远是最好的。然而,这句话含有自欺欺人的成分,否认了孩子肥胖的事实,当孩子看到自己与同龄的孩子体重不一样时,他们会觉得家长在欺骗自己,从而逐渐对家长失去信任。

家长也不要说:"你现在还小,等你长大后就不会这样了。"虽然这样说,可以暂时让孩子的精神放松,让他寄希望于将来,但是,未来孩子会如何,是家长无法保证的事情,不要随意在孩子面前做出这种结论。

家长更不要答非所问,用其他事情来分散孩子的注意力。家长以为把问题搁置了,时间一长,孩子就会忘了,事实上,孩子会继续胡思乱想，可能造成思想负担。

正确的做法是，首先，家长应该说："我很乐意分担你的忧虑，你认为该怎么办？"这句话表明了家长明白孩子的苦恼，也表示了家长对孩子的关心。其次，家长要引导孩子表达情绪。再次，家长应教导孩子，在其他方面弥补自己的不足，和体型相比，一个人的内涵更为重要。最后，家长和孩子一起商量有效的改善方法，比如加强锻炼等。

总之，当孩子因为外貌感到自卑时，家长不要忽略孩子的真实感受，而要帮助孩子正视自己存在的问题，并帮助他们找到解决问题的办法。

问题 49　家长经常对孩子哭穷

有家长问：为什么有的家长喜欢向孩子哭穷？家长哭穷对孩子会有影响吗？有人认为，哭穷对孩子影响不大，但是大部分家长认为，哭穷容易对孩子产生负面影响，如导致孩子自卑、敏感，有匮乏感等。

家长哭穷的原因不同，有的是家庭确实不富裕；也有的是想要对孩子进行教育，让孩子懂得感恩，懂得珍惜来之不易的金钱。但是，家长是否意识到，频繁地哭穷可能会毁掉孩子的一生。

家长必须清楚，在哭穷声中长大的孩子，更能形成敏感、自卑的性格，普遍缺乏安全感，并且很难拥有幸福感。贫穷思维一旦融入他们的血液，恐怕他们一生都无法摆脱。

我曾经看过一篇文章，作者是一位中年人。在外人看来，他事业有成，家庭也比较幸福美满，完全符合成功人士的标准。然而事实是，他总有一种非常强烈的不安全感——他常常充满焦虑，自我怀疑，缺乏安全感，总是觉得自己很缺钱，也不敢生孩子。作者在文章中指出，贫穷思维最大的悲哀是，一个人无论多么成功，都体会不到生活的轻松感和幸福感。

被穷养的孩子，不仅缺钱，更缺少来自家庭的认可和支持，导致他们在成年之后，内心好像有一个巨大的黑洞，用任何东西都无法将其填满。他们的内心十分脆弱，害怕别人看不起自己；高度敏感，任何和钱有关系的事情都会被上升为对他们自尊的挑战，甚至一个玩笑都能刺伤他们。

长期哭穷的家长会让孩子变得吝啬，长大后可能会过度追求物质。家长经常向孩子抱怨钱不够花，把"我们家穷""这个没有必要买"挂在嘴边，会让孩子因为匮乏感变得抠门、小气，甚至不愿意付出。有的孩子可能会和同学、朋友比较，产生自卑的心理，形成讨好型人格；有的孩子如果一直得不到想要的东西，可能会在成年后形成畸形的金钱观。

> 我见过一个年轻人，她经常发朋友圈抱怨人生不易，自己一无所有。实际上她的工作还算不错，薪资也不低，和父母同住。按照我们的理解，她应该有一定的存款，怎么会一无所有呢？后来我才知道她是一个购物狂，她疯狂购物的很大原因源于童年的经历。
>
> 小时候，她想要买什么东西，父母经常以家里穷为理由拒绝她。因此，她匮乏感特别严重，决定将来一定要好好补偿自己。等她开始工作赚钱后，积压在她心里的匮乏感就如同洪水般暴发，她几乎是下意识地开启补偿模式，用花钱来弥补童年的缺失。

如果孩子的正常需求总是得不到满足，孩子就会觉得自己不被爱，形成内在的匮乏感，而这种匮乏感会影响孩子一生的幸福。

许多人都讨论过到底应该穷养孩子还是富养孩子。其实可以在物质方面稍微贫乏，但是在精神方面一定要富养。同样面对贫穷，有的人像松柏一样，有着不屈不挠和奋发向上的精神；有的人却性格扭曲，甚至沦为金钱的奴隶。这都离不开家长早期给孩子喂养的精神养料。

如何教育好孩子，我给家长们几点建议。

首先，即使生活再苦，家长也要给孩子希望。一个孩子的内心是否富足，并不完全由物质是否丰盈决定，而是一个家庭对待生活的态度决定的。

一位爸爸利用周末的时间带孩子打零工，挣了一点零花钱。他给孩子买了盒水彩笔，带孩子画出各种他们未来想过的生活，丝毫没有向孩子表达过他们现在生活的困苦，而是对孩子说"我们要一起努力，让家里的生活好起来"。

这就是希望，是疲惫生活中的一抹色彩，也是照进孩子世界的一缕阳光。

其次，家长要跳出贫穷思维，孩子才能有格局。很多家长在教育子女上存在一个误区：一方面希望孩子出人头地，有眼界有格局；另一方面自己又跳不出贫穷思维的局限，只想着攒钱，舍不得带孩子旅游、看电影、看展览，等等，并且要求孩子和他们一样节约。请一定记住：可以物质贫穷，但是精神上不能匮乏——富在格局，要帮助孩子树立正确的三观。

最后，家长应该尽早教孩子学会理财，让孩子树立正确的金钱观。可以定期给孩子一些零花钱，鼓励孩子通过攒钱来实现自己的心愿。不给孩子灌输穷的观念，即使生活不富足，孩子也能自信快乐地成长。

好的教育从来不是哭穷，也不是装穷，而是通过适当的教育让孩子懂得人生的意义和自我实现的价值。家长的一言一行里都藏着孩子的未来，所以让我们从自己的一言一行开始改变，让孩子变得越来越好。

家庭篇

家庭篇

问题 50　父母对孩子有很强的控制欲

　　我曾经看到过一个电视节目，里面有一段孩子对妈妈说的心里话，给我留下了深刻的印象。孩子说，自己的妈妈是一个特别有条理的人。妈妈给他制作了一张暑假计划表，对每一天都制订了精确的计划，甚至精确到几点吃饭，几点写作业，几点睡觉。除此之外，孩子的方方面面妈妈都要参与，给出意见。比如，饭前必须洗手、饭后必须漱口、在家不可以跷腿、早起要马上叠被子等。

　　孩子也曾向妈妈提出，能不能不要给他做如此细致的规划，得到的却是妈妈的回绝。妈妈的理由是，这些都

> 是一个家长应该做的,这些都是为了孩子好。父母经历得多,要把他们的经验传授给孩子。父母说的话即便不是百分之百正确,大部分也都是正确的,没有父母会害自己的孩子。孩子听了妈妈的回答,心中满是失落和无奈。

的确,父母爱孩子是没有错的,每位父母都不希望孩子受到伤害,想帮孩子绕过弯路,让他去做父母认为正确的事以及应该做的事。然而我们必须明白,有些路注定是要一个人走的,父母只能陪伴孩子一程,不能陪伴孩子一生。

所谓的"为你好"都是一种借口,这种以爱之名的控制行为会让孩子生活在高压之下,无法喘息和承受。在亲子关系中,父母总是不顾孩子的需求和感受,过多干涉孩子的人生。他们总是自以为是地爱孩子,没有和孩子分清界限,给孩子造成了一定的伤害。而在这种以爱之名行控制之实的父母面前,孩子不能有自己的想法和个性,一切都要按照父母安排好的去做,不然就是不听话、不懂事、不孝顺。

一个孩子曾经向我倾诉,当面对父母时,他压力很大,总是担心自己许多事情都做不好,就会有愧疚感,久而久之,在父母面前他变得不快乐。父母越是关注他,对他的期望越高,他的压力就会越大——父母的关心让孩子透不过气来。

纪伯伦有一首关于孩子的诗，其中一段是："你的儿女，其实不是你的儿女。他们是生命对于自身渴望而诞生的孩子。他们借助你来到这个世界，却非因你而来。他们在你身旁，却并不属于你。"简单来说就是，孩子不只是父母的孩子，他还是一个独立的人。造成父母和孩子痛苦的原因在于，父母没有把孩子当成一个独立的人，父母和孩子之间没有界限。

父母必须知道，孩子是独立的个体，有他自己的人生。父母可以给予建议，但不要横加干涉，不要对孩子有强烈的控制欲。父母要相信孩子，帮助孩子实现自我价值。孩子不是父母梦想的载体，也没有义务完成父母未完成的梦想。

父母对孩子的强控制欲，归根结底，是父母内心缺乏安全感的表现。孩子未按照父母的规划做事，或者脱离了父母的视线和控制，表现出独立和叛逆的想法时，就会触发父母的焦虑和不安。

一般情况下，控制欲很强的父母或多或少都会有自卑心理。尽管他们外表看上去很强势，但是他们的内心隐藏着一个极度需要被证明和被看见的自我。他们在童年往往是被忽略和伤害的，因此在有了孩子之后，他们就会把自己曾经缺失的部分倾注到孩子身上，怕孩子和当年的自己一样被忽略。然而他们并不知道，如果没有把握好度，也会给孩子造成伤害。

越是在亲密的关系中越是需要心理边界。父母在面对孩子时要记住，不要侵犯孩子的心理边界。在孩子 1 岁前，孩子和母亲是共生关系；孩子 3 岁左右，其自我意识建立，这就需要父母逐步放手。一般受父母过度控制的孩子，边界感会比较弱，他们容易在人际关系中退让、妥协，容易形成讨好型人格，或者在未来也成为控制欲强的父母。

父母要做的就是放手，而放手的另一层含义是相信孩子。一位学者说过，教育的对立面就是操控，它出自父母对于孩子的潜能缺乏信心，父母总是认为只有成年人指导孩子该做哪些事情、不该做哪些事情，孩子才会获得正常的发展。通过前面的分析，我们可以得知，父母对孩子过度指导源于缺乏对孩子的信任，而信任是孩子健康成长的动力之一。父母给予孩子信任，孩子将会更好地成长。

每个孩子都是生命的奇迹。父母要允许孩子按照自己的节奏，实现他们的梦想，这本身就是对孩子最好的保护。人生之路并非只有一条是正确的。当孩子的选择被忽视，梦想被掩盖，只能按照别人设定好的路线前进时，他可能会感到动力不足，同时会缺乏价值感，感受不到成就感。所以，父母要学会尊重、接纳孩子，要给孩子一定的自由，不要对孩子过度掌控，不要让"为你好"成为束缚孩子成长的枷锁。

问题 51　家长行为对孩子产生负面影响

一位妈妈向我咨询：她老公不愿意学习，并且在她学习时，她老公还会说一些反对的话。同时，他也不愿意配合孩子的学习和成长，经常打击孩子。

这个问题归纳起来就是一句话：另一半不学习改变，并且在错误地影响孩子。

我们应该恭喜这位家长。能提出这种问题的家长，基本上已经意识到家庭教育的重要性了。这个问题并不是个例，而是一个群体性的问题，出现这种问题也是家庭成长的必经阶段。

夫妻教育孩子的模式不统一是很正常的。每个人的信念、价值观、行为准则、受教育程度及原生家庭都不相同，对待一件事情的看法和反应也不同。我们发现，很多家庭通过学习，夫妻二人是可以实现有效交流的，并且在教育孩子的方式方面也是可以慢慢趋同的。

一个人想学习，他首先是想改变和承担责任。先改变自己，再去影响别人。这个过程就像一个人想要更换一个密闭空间的混浊空气。他需要一个小的换气扇，不停地把空气一点点抽出去。开始的时候会感觉没有什么效果，但坚持做下去，一定会让房间里的空气变得越来越清新。

我们必须清楚，要改变一个人，采用指责的方式是没有任何用的，对方会认为，你不是说你已经通过学习有所改变了吗？但是你对待我的态度和方式并没有任何改变，你无非就是学了一些知识，对我有了更高的要求而已。当对方感受不到你的变化，你又有什么说服力去影响他学习呢？更别说要求对方走入课堂了。

所以要想改变一个人，你要扮演换气扇的角色——你有了一些进步，和你同处一个空间的人也会慢慢地呼吸到更新鲜的空气。如果你学习之后，回到家不是抱怨你的另一半，而是反省、检讨自己，并且把责任承担下来，我想你的另一半一定会特别开心，会认为你的学习是有效果的，就很容易受你的影响，跟着你一起学习。双方共同学习的话会事半功倍，就像一个团队一样，经过共同学习，统一了思想，才能对孩子带来正确的影响和改变。

有个家长曾经也在课堂上问过我这个问题，说特别想把妻子带到课堂上来，但她就是不来怎么办？我告诉他，谁学习谁觉悟，谁改变谁承担。现在你学习了，你只负责改变自己，如果你坚持这么做，你妻子一定会来。半年之后，他妻子果然来了，她感谢课堂让她的丈夫发生了改变，让她又回到了那个曾经让她幸福的家。

有这种困惑的家长要清楚，即便你的另一半就是不愿意走进课堂，但是你在课堂中坚持学习改变，让家庭氛围有所改善，同孩子有了沟通、交流的出口，难道这不是收获吗？难道这不是一件很幸福的事情吗？

所以，每个正在学习的家长，一定要坚持从自己入手，而不是在学习了正确的观念和方法后，去要求另一半或者控制孩子。

问题 52　二孩家庭中，老大不喜欢老二

2016 年，我国正式实施全面二孩政策。2021 年 5 月 11 日，国新办就第七次全国人口普查主要数据结果举行发布会，"二孩"生育率明显提升。全面二孩政策的实施，使得不少家庭面临这样一个问题：老大不喜欢老二，总是欺负老二，家长该如何处理？而且，这个问题可以扩展，因为 2021 年"三孩政策"已经提上了日程。

在二孩家庭中，当两个孩子发生矛盾的时候，父母往往看到的是老大的问题，却很少看到他背后的委屈。要知道，孩子一切不可爱的行为，其实都是在呼唤爱。孩子通过一些反常甚至极端的行为表达抗议，是想获得父母的关注。

父母必须了解老大的心理，父母要第二个孩子可能是希望给老大找个伴儿，将来能多一个人爱他，但是孩子接收到的信息不一定

如此。著名的亲子沟通专家阿黛尔•法伯曾经做过这样一个假设。他说，如果有一天，你的丈夫突然伸手揽住你说："亲爱的，我爱你爱得一塌糊涂，我决定了，我要再找一个跟你一样的妻子。"这个时候你的反应是什么样的呢？其实这就是老大的反应。

老大眼中的老二，就像突然闯进来的第三者，当父母与老二陷入"爱河"时，老大对老二的敌意就会加深。父母清楚了老大的心理，就会明白老大不是不喜欢自己的弟弟或妹妹，只是因为老二的到来，减少了他的安全感。他认为以前爸爸妈妈的爱全部是给他的，现在却被人抢了。在他看来，哪怕是平均分配也是不合理的——以前他独享爸爸妈妈的爱，现在却要和弟弟或妹妹分，为什么呢？如果这时孩子之间有矛盾，父母不但不懂得老大的心理，还当着弟弟或妹妹的面批评老大，那么只会让老大更加没有安全感。父母这样做还会加剧老大对老二的不满，把所有原因都归咎到老二身上。因此，有的老大会趁着父母不在家的时候，对老二非常凶狠；当老二被老大指手画脚时，他也会不开心，就会出现向父母告状、和老大争宠的行为，进一步与老大疏离，加剧相互之间关系的恶化。

因此，父母在处理两个孩子的关系时，一定要同时考虑两个孩子的心理需求，不仅要照顾小的，更要照顾老大的感受。别忘了，老大并没有做好当哥哥或姐姐的准备，也不知道怎么当好哥哥或姐姐。不要总觉得老大年长，有很多责任，实际上老大也是个孩子，有很多心理需求没有被满足。

在这里我给二孩家长三个建议。

第一，要抛弃"大让小"的想法。"大让小"的想法和做法只会让老大产生被压制、不舒服的感受，让老大怀疑自己是否真的被爸爸妈妈爱着。同时，"大让小"也许会让老二钻空子，从而恃宠而骄，无视规则。

第二，对每个孩子的关注要平均，但是爱要独特。很多家长认为，对待两个孩子只要一碗水端平不就行了吗？其实你会发现两个孩子不一定买账，即便是你切了一模一样的蛋糕给孩子，孩子都会认为对方的比自己的多。所以，最好的办法是，家长按照每个孩子的需求来给予满足，给每个孩子的都是独一无二的爱。

比如，可以多安排和老大独处的时间，多听听老大的想法。只有老大确信父母的爱从未变过，才会对老二展现出爱。

第三，要让老大有参与感和成就感。聪明的父母懂得给老大安排一些小的工作，比如教弟弟或妹妹做一些什么，这样才能体现老大的价值感。有了价值感和参与感，老大会更有归属感，就会明白，自己当了哥哥或姐姐后，不仅没有失去爱，还多了一份责任感。他也会明白，有了弟弟或妹妹，只是世间又多了一个他爱的人和爱他的人而已。

综上所述，父母对待两个孩子的教育模式和处理方式，对两个孩子的关系起到了关键性的作用。父母通过学习，更能看到每个孩子成长的需求，才会有更多的方法和能力成就孩子健康快乐的人生。

问题 53　夫妻离婚不告诉孩子原因

有一个上初一的孩子，父母刚刚离婚，这对他的打击很大。有的孩子遭遇这种变故，情绪可能会受到干扰，学习成绩可能会下降。然而这个孩子的情况恰恰相反：他拼命地学习，不敢有一丝松懈，努力要去争取好成绩。

后来，这个孩子才向我道明了缘由。他一直认为，爸爸妈妈离婚的原因是他的学习成绩不好。于是他天天拼命地学习，他认为只要成绩好了，爸爸妈妈就会重新在一起了。

我问他为什么会有这样的想法。他表示，爸爸妈妈以前总会因为他的学习争吵，所以他认为是他造成了父母之间的不和睦，并导致父母离婚的。这个孩子一直活在内疚、自责、紧张的情绪里。

> 我和孩子的妈妈通过电话。她说，为了孩子，她和孩子的爸爸和平分手，也没有和孩子提到婚姻中不如意的地方，双方只是想把伤害降到最低，没想到还是伤害了孩子。

问题究竟出现哪里呢？原因在于父母在分开时，没有帮助孩子对父母离婚这件事做一个恰当的定位，才导致孩子有错误的观念，认为是他的原因造成了父母离婚。

我告诉这位妈妈：你们必须让孩子明白你们离婚和他无关。在这个问题上是半点儿玩笑都开不得的。如果孩子的父母说他们是因为孩子不够好才分开的，这会对孩子造成极大的伤害，甚至会成为孩子一生的伤疤。其实，如果孩子很懂事的话，父母是可以把原因向孩子如实相告的，孩子也会理解父母。

如果夫妻双方不得不离婚，如何把对孩子的伤害降到最低？下面几点是需要父母注意的。

第一，提醒孩子，你们会永远爱他。告诉孩子，不管发生了什么事情，爸爸永远都是他的爸爸，会永远爱他；妈妈永远都是他的妈妈，会永远爱他。爸爸妈妈分开绝对不是他的责任，即使爸爸妈妈分开了，任何一方也不会减少对他的爱。同时，夫妻双方一定要多陪伴孩子，用实际行动让孩子感知到爱从未走远，从未减少。

第二，不管什么原因，家长不要做一些限制对方和对方家庭跟孩子接触的行为。很多家长并不是和平分手，可能会把与对方的恩怨牵扯到孩子身上，这是极为不可取的做法。这会让孩子承受两倍的伤痛——他自己会受到伤害，他与父母之间的关系也会受到伤害。

第三，千万不要当着孩子的面说对方和对方家族的是非。有些爸爸或者妈妈在离婚之后把自己当成受害者，总是说孩子妈妈或者爸爸及其家族的是非，还要让孩子站在自己的角度，理解自己的决定和行为。

父母是孩子生命中最重要的两个人，同等重要。父母和孩子血脉相连的关系是任何力量都不可能割断的。因此，夫妻双方发生冲突的时候，如果一方在孩子面前说另一方的不好，并企图扮演受害者的角色让孩子给予自己支持，反对对方，两个人的问题就变成了三个人的问题。孩子面对两个同样爱的人，又要为了迁就其中一个，去憎恨另外一个，他内心的挣扎和撕裂可想而知。

这种方式也不会让事情得到更好的解决，只会把孩子拉进是非甚至仇恨里。家长必须负起自己的责任——当你不能给孩子提供健康、完整的家庭时，就努力成为一个积极阳光、勇于承担责任的家长，这样才不会影响孩子未来的发展。

第四，不管你是不是准备发展新的感情关系，一定要清楚地告诉孩子。同时，你还要告诉孩子，就算你再婚了，你未来的伴侣不能也不会代替你之前的伴侣，即孩子亲生的爸爸或妈妈在孩子心中的位置。这些做法有助于减少孩子反对单亲家长再婚的情况。

当然，并不是所有离异家庭的孩子都会有问题，这主要取决于父母的态度和处理方式。如果你没有从这段婚姻中走出来，又怎么给孩子足够的爱和安全感呢？所以，真正能降低伤害的只有父母的担当和成长、父母的宽容和乐观。

即便家庭不够完整，但是父母的爱还在，有爱的地方就是家。父母依然可以给孩子一个很幸福、很安全的家。

问题54　家长总是因为自己亏欠孩子而自责、内疚

很多家长走进家庭教育课堂的时候，孩子已经出现问题了。家长在学习之前觉得自己是一个受害者，为孩子付出了很多，孩子却不领情；学习完后发现原来曾经的自己竟然是加害者，是自己不正确的家庭教育观念和行为导致孩子受到伤害，于是就开始自责，并产生内疚的情绪。

有这种想法的家长，请你思考一下，这种情绪是否有利于你

更好地教育孩子？如果有利，你可以继续沉浸在这种情绪里；如果没有利，那你就要停止这种不必要的内在消耗。因为你的每一次自责，都会让自己又一次陷入自我否定中，会增加你的无力感。而且最重要的是，没有力量感的家长是无法培养出有力量感的孩子的。

陷在内疚情绪里的家长大都这样想过：要是当初我那样就好了，要是当初我不那样就好了。

> 一位母亲对我说，她的孩子小时候是跟爷爷奶奶一起住的，有一件事情让她记忆犹新。孩子5岁的时候，有一次要和她分开。送妈妈回去的路上，孩子一直在唱"世上只有妈妈好，有妈的孩子像个宝"，并且不停地唱这一句，唱了一个小时。最后妈妈下车了，孩子还是被留在了爷爷奶奶身边。
>
> 这位母亲表示，那个时候她并不了解孩子在想什么。现在她才知道，孩子其实是想和妈妈在一起，哪怕生活条件艰苦一些也愿意。当年和孩子的分离，导致孩子现在安全感不足，各种状况频出。她说，如果当时她懂得这些，肯定会把孩子带回自己身边的。她的言语间透露出内疚和懊悔。

我们可以通过这位母亲的讲述感受到她的内疚，也能感受到她并不接纳自己，并且对孩子靠自己的力量度过那段日子进行了否定。也就是说，父母在否定自己的同时，否定了孩子。

家长一定要清楚，发生的事情都已经发生了，所有发生的都是当时做出的最好的选择。就像案例中的这位母亲，她当时认为出去挣钱，给孩子好的物质生活要比陪伴更重要。这是她当时经过衡量之后做出的最好选择。

孩子在离别的时候，不停地向妈妈表达爱，也是当时孩子做出的最好行为；同时孩子凭自己的能力适应了父母不在的环境，孩子做得很好。在这个过程中，每个人都学到了自己该学的东西，这是每个人生命成长的必经阶段。

后悔、内疚和遗憾都是对过去的否定，对现在的生活起不到任何改善作用。我们要学会肯定、接纳自己，接纳孩子。我们会发现，生活本来就没有什么"最好"，也没有什么"应该"。带着接纳的心，家长会带给孩子更多的爱和肯定，会把注意力放在孩子需要什么，以及我们可以为他做些什么等内容上。家长要全身心地关注孩子，尽力将眼下能做的事情做到最好。

另外，在很多时候，家长的内疚和自责会让孩子居于受害者的角色，认为家长亏欠了自己，从而提出更多的无理要求。如果孩子理所应当地接受家长的补偿，他就会停留在讨债者的位置上，这样的孩子是缺乏力量和价值感的。有一点需要家长注意：有的孩子会一直停留在自己所受的伤害中,无法真正成长,并且经常抱怨家长过去的行为,不肯对自己的人生负责;而其家长会进一步、不讲原则地弥补自己当年对孩子的亏欠。于是受伤的双方,一方像是在讨债,一方像是在还债,而这种讨债和还债的关系并不能弥补曾经的过错,只会造成一轮轮新的伤害。

家长应该坦坦荡荡地站在孩子身后,化身为充满力量和爱的树,支撑他,为他提供营养,并把肯定和自信传给他,让他去过更有力量的人生,走自己未来的路。

问题 55　夫妻离婚对孩子成长的影响

在我们身边会有这样的事情:有的夫妻关系不和睦,但是为了孩子的健康成长,一方或者双方一直在隐忍,想等孩子长大了,再找合适的时机结束这段关系,比如,高考结束之后。

然而,家长们是否认真思考过,为了孩子而在一段婚姻中选择隐忍,等到孩子长大后再离婚,真的是在保护孩子吗?这样做就会把伤害降到最低吗?牺牲自己,只是为了让孩子活在完整的家庭中,这种做法真的会给孩子换来一个美好的未来吗?作为家庭中的一员，孩子真的感受不到家庭关系的冷漠和紧张吗？

徒有其表的婚姻，会让人感到不适，感到消沉，也会让人感到不甘心。在这种关系里，伴侣也不会有好的感受。处于这种状态下的父母又怎么能培养出内心阳光灿烂的孩子呢？

孩子内心其实都希望父母能快乐，并且能将父母的快乐当作自己的责任。孩子有时候会做一些讨好父母的举动，希望能减少父母的焦虑。孩子也会努力变得优秀，希望让父母感到开心和骄傲。这是每个爱父母的孩子都会有的想法。

当父母不快乐时，孩子会本能地为父母做很多事情；当父母负担沉重时，孩子会用他的方式默默地分担。对于这些，我想许多家长都深有感受。其实，父母的情绪都会传递给孩子，这会让孩子也变得敏感，并且在这种隐忍的生活环境中变得小心翼翼。在这种婚姻状态下，并不是只有夫妻为了孩子假装和谐，而是包括孩子在内的三个人都在隐忍不发，大家都能感受到紧张的氛围，但是又都彼此沉默。

家长朋友们，不知道你们有没有想过，这种婚姻状态会给孩子传递怎样的人生信念？作为父母，我们如何看待婚姻，如何对待亲密关系，如何面对不幸福的婚姻，是否愿意为自己的幸福负责，是否有力量为自己的幸福去争取……这些态度会通过我们的一言一行传递给孩子。

行为远胜于说教本身，实践远胜于道理本身。假如父母选择一直待在一段不幸福的婚姻中，支撑他们的人生信念是什么？孩子会不会在潜意识里认同和传承父母的这种信念，未来是否也会在自己的婚姻中选择隐忍、逃避呢？

父母在很多事情上，当着孩子的面，可以点评得头头是道，处理得游刃有余，独独在面对自己的人生大事时，选择不面对、不解决、不负责，唯一做的就是以极大的耐心拖延，直到青春耗尽。这样做的结果是什么？你真的希望孩子从你身上学到的是这种对待婚姻的态度吗？你在这段婚姻中做出了什么样的努力？如何经营婚姻生活？又是如何承担和解决家庭矛盾的？其实对孩子来说，都是一场生命教育和婚姻教育。

对于孩子来说，父母的离婚、家庭结构和环境改变，的确有可能在一段时间里让他受到一定的伤害。但是父母不离婚，真的就不会伤害到孩子吗？

我们常说的勇气、信念、承担、努力、争取、诚实、希望，我们一生中始终追求的爱与被爱，以及对于幸福极其重要的亲密关系，也都需要父母在一点一滴中教给孩子。

一段不完美的婚姻，对于身在其中的家长和孩子都有一定的影响，但究竟有什么样的影响，取决于父母。如何不使这个遗憾成为三个人特别是未成年孩子的悲剧，是身为父母的责任。婚姻是需要经营的,如果我们不知道婚姻幸福的秘诀,即使重新开始一段婚姻,也会面临同样的问题。

即便是婚姻真的已经到了无法挽回的地步,父母对待婚姻的态度如果能让孩子认真地思考、审慎地决定和成熟地承担,对于孩子来说,也是很好的事情。在理解父母的同时,孩子也能有所成长,少受伤害。

问题 56　再婚的家长不敢管教对方的子女

在人们的印象中,再婚家庭似乎总是充满矛盾和冲突,不知道该如何解决,其亲子关系、子女教育问题更是棘手。不少人都说继父继母难当,不是自己亲生的孩子,想管也管不了。也有的人认为,继父继母很难处理好亲生子女和非亲生子女的关系。今天我就和大家分享一下,再婚家庭的家长该如何处理亲子关系。

有子女的家长再婚,所面临的家庭冲突和矛盾,显然比双方都没有孩子再婚家庭更加复杂。如何让对方的孩子接受自己,和自己建立和谐的关系,是很多再婚家长必然要面对的功课。

很多人建议用真心换真心,如果孩子不接受继父或者继母,也要坚持付出。影视作品里也一直体现这样的情节，希望弘扬善良的品德和爱的奉献。这些初心都是好的，如果付出就能获得好的结果，当然皆大欢喜。然而在现实生活中我们看到更多的是，再婚家庭充满了矛盾和冲突，仅凭借爱并不能解决问题。问题的解决、矛盾的消除，需要家长的智慧。

第一，家长要了解和掌握孩子的成长规律。我们先来看看孩子的大致成长过程。孩子在婴幼儿期依靠父母生存；在青春期极力想摆脱父母的控制，去寻求自我身份的认同，但是还需要依靠父母；成年后要独立成家，要实现自己的价值。在了解了孩子的成长规律之后，家长就会清楚孩子必然会独立，和家长意见不同、有冲突也是正常的，他们和自己的亲生父母也会有类似的矛盾或行为。

在认识到这一点之后，继父母可以再去明确自己对孩子表达爱和关心的出发点。继父母必须明白，对于孩子的关心和爱，并不是要让他服从，而是让他知道你是爱他的；也不是为了向别人证明你不是态度恶劣的继父母，只是想帮助孩子顺利地走过他人生中的每一个阶段。

第二，再婚家庭中的继父母要警惕，"要成为好爸爸、好妈妈"是一个意识陷阱。如果你不小心掉进去了，那么你就会花费很多不必要的精力去证明自己，而不是帮助孩子往前走，这是一种消耗。要证明一件事情的潜台词是：你没有，所以你才需要证明。拼命证明自己有钱,是因为担心别人认为自己不富裕;拼命证明自己有人爱,是因为担心根本没有人关心自己。我们可以想一下,如果你有,又何必去证明?

因此,不要把你的大量精力浪费在一些无关紧要的证明上,也不要让你的意愿成为孩子成长的阻碍。关于再婚家长如何教育对方的子女,我有一些建议。

第一,在新的家庭中,如果孩子表现出不良行为,继父母不要过多地参与,让孩子的亲生父母去判断、解决,继父母要做的是支持他们的决定。继父母和继子女的关系需要花时间去建立,继父母支持孩子亲生父母的做法,和孩子的关系也不会产生太多的冲突。如果关系尚未建立,继父母就对继子女进行过多的管束,只会形成与预期相反的效果,也会产生更多的矛盾。

第二,不要尝试和孩子的亲生父母竞争。即使你比孩子的亲生父母对他还要好,教育得更到位、更科学,你也不要尝试去替代亲生父母在孩子心中的位置。不管你怎么看待孩子的亲生父母,不管你有多么不认同他们的养育方式,你都要认可他们曾经对孩子的付出,你要明白血缘是无论如何都没有办法割断的。作为继父母,你要做的是陪伴孩子成长,可以在孩子伤心难过的时候抚平他的伤口,也可以给他一些建议,供他参考和选择,而不是和他的亲生父母进行"谁在孩子心里更重要"这种无意义的竞争。你只需要让孩子知道，亲生父母很爱他，你的出现，则是多了一个人来爱他。

第三，继父母要明确自己的定位。比如，在家庭组建初期，继父母可以将自己定位为孩子的朋友，一个关爱孩子的叔叔或者阿姨，不要一开始就把自己放在继父母的位置上，这样会引起孩子的敌视。有人再婚之后，很在意对方的孩子不叫自己爸爸（妈妈），感觉很委屈。继父母必须清楚，亲生父母在孩子心中是不可替代的，孩子认为自己永远都和亲生父母是一个小家庭，是一个关系紧密的系统；继父母是这个家庭的后来者，家庭系统里先来的人离开了，继父母才有机会同家庭的原有成员组成一个新的家庭。理解了这一点，继父母便不会强迫孩子叫爸爸妈妈了。继父母可以和孩子说："我不是你的爸爸（妈妈），但我很尊重你的爸爸（妈妈），我看到你身上有很多优点，我想那一定来自你爸爸（妈妈）的教导，我愿意和你做朋友，同时像爱我自己的孩子一样去爱你。"继父母可以多发现孩子的兴趣，从孩子的兴趣和爱好出发，和他们发展一段友谊。当你和孩子的关系逐渐变得融洽，时机成熟时，孩子自然而然会认同你的存在，你也将成为他生命中不可或缺的一部分。

第四，要经常适当地离开。继父母要给孩子和亲生父母单独相处的时间和空间，这样可以减少孩子被忽视的感觉。当孩子和亲生父母在一起时，他们会感觉自己并没有失去父母的爱，也会更容易接受新的家庭。

第五，继父母要清楚，在亲生父母离婚的过程中，孩子经历的痛苦是难以想象的，这种痛苦可能会被他带入重新组建的家庭中，表现之一就是以敌视的态度面对继父母。如果出现这种情况，最好的办法就是继父母尽量倾听孩子的心声，理解孩子的想法，随着时间的推移，孩子会渐渐适应新的家庭，也会接纳继父母。

在重组家庭中，继父母对待继子女一定要出自真心，平等相待，这样整个家庭才会收获更多的爱与幸福。

问题 57　父母不遵守对孩子的承诺

安徽阜阳的一个小男孩因父母没有按照约定参加家长会，感觉自己没有受到重视，于是坐在楼顶边缘，想要跳楼轻生，手里还拿着一把水果刀。通过视频，我看见这个孩子情绪低落地坐在楼边，任凭大家如何劝说，始终一言不发。最后，在警方人员的协调下，大家找到了孩子的父母，并让父母写了一份保证书，看到保证书后，

> 男孩才肯回家。
>
> 　　根据媒体的后续报道我们得知，这个孩子的父母常年在外地，孩子平时和爷爷奶奶一起生活。孩子对家长会期盼了很久，希望能借此机会见到父母，结果父母还是未能履行承诺。

我看到这条新闻后很难过。孩子做出这样的举动，背后一定积累了无数次的失望。我们知道，对于很多孩子来说，一提到家长会就如临大敌，但对于这个孩子来说，他心心念念的却是家庭的团聚。结果期望变成失望，到头来一场空欢喜。在伤心、失望、愤怒等情绪的驱使下，他采取了极端的方式来"威胁"父母，但只能靠"威胁"来提醒父母守信的孩子，他的心里该有多痛苦啊！

对于孩子来说，父母的承诺总是让他们充满希望，一旦父母失信，孩子就会陷入深深的无助和绝望。父母每一个没有实现的承诺都会在孩子的心里划上一刀，给孩子带来一次伤害。在孩子眼中，父母就是自己的全世界。父母随意承诺，从不兑现，除了让孩子一次次失望，还会对亲子关系造成危害。

父母不守信用会有以下几种危害。

第一，父母言而无信，会让孩子失去对父母的信任。

有个孩子曾经对我说，他爸爸承诺他只要他考试成绩进步了，就奖励他1000元，于是他拼命地学习，成绩下来的时候，他真的进步了，但是他爸爸说他进步的空间太小了，只给了他100元，还说如果下次再进步，再奖励200元。他回忆这个场景的时候还非常愤怒，他说从此以后再也不相信爸爸妈妈了。从这个案例我们可以清晰地看到，父母不守信的行为造成的第一个后果，就是失去孩子的信任。

信任有多重要呢？日本作家池田大作曾说："信用难得易失，费十年的功夫积累的信用，往往会由于一时的言行而失掉。"对于孩子而言，更是如此。父母的每一次失信，不仅会让孩子对父母产生怀疑，也会让孩子一点点地失去对这个世界的信心与信任。

第二，父母言而无信，会让孩子觉得自己不值得被爱。

就像新闻里的这个孩子，难道仅仅是因为愤怒就选择自杀吗？他想自杀不仅是因为失望，更重要的原因是他被一次次忽视，没有感受到被重视。一个孩子如果经常被父母爽约，他就会感到被轻视，自我存在的价值感就不会稳固，就会感觉自己是不值得被爱的。

第三，父母言而无信，容易让孩子产生逆反心理，伤害亲子关系。

曾经有一个辍学的孩子和我聊起他的父母，他的神情特别失望，他说父母答应过他考完试会带他去旅行，他想做什么都可以，可是考完试以后，父母没有带他去。他感觉父母说话不算话，就跟哄小孩一样。他以为父母会一诺千金，没想到，到头来只得到了一张空头支票。于是他用不去上学的方式对抗父母。可以说，孩子的很多问题都是大人造成的，父母的行为如果不做调整，孩子的问题也解决不了。

所以，父母必须清楚，你的态度决定孩子的人生高度。通过欺骗，孩子看到的是愚弄；通过敷衍，孩子看到的是不在乎；只有通过真诚，孩子才能看到爱和信任。如果你希望孩子守信，你对孩子就不能失信。你想让孩子成为什么样的人，自己就先做什么样的人。希望每个父亲或母亲都能活出令孩子钦佩的样子，都能做孩子人生的领路人。

问题 58　家长一直学习，孩子却不改变

一位家长留言说，和他一起学习家庭教育课程的几个朋友，每个人的家庭都发生了很大变化，尤其是孩子，都变得有责任心，懂事又积极，学习也主动了，但是唯独自己家的孩子看不到任何变化——回家不帮家长做家务，不愿意和父母交流，考试前也不复习。家长表示很着急。

每个家长都希望孩子学习完课程后能有所改变，这无可非议，但是，有几点需要注意。

第一，家长的关注点是否有所改变。比如，很多家长自己并没有通过学习改变的意愿，却看不得孩子成绩不好，于是把孩子送到各种训练营，期望通过这些途径，孩子的成绩能得到快速的提升。孩子学习后，可能在一段时间内增加了对父母的感恩之心，提升了自信心、责任心，也学会了与他人合作。然而家长对这些统统视而不见，他们的目光还是停留在成绩上——一旦成绩没有提升，家长就会觉得孩子没有任何改变，没有任何进步。

其实，你的关注点并不等于事实。如果你总是关注孩子没有获得进步的方面，而没有关注到孩子有进步的方面，那么孩子得到提升的地方也会被埋没了。当然，你也不会看到孩子的变化。这也就是要坚持家长和孩子共同成长的原因。

第二，任何习惯的养成都需要一个周期，而教育最忌急于求成。无论是孩子回家做家务的问题，还是考试前复习的问题，都源于习惯，而一个习惯的养成需要一定时间。孩子从观念转化到有意识地行动，再到真正养成习惯，是需要一定的时间的。

如果你看到孩子在一周之内、十天之内、二十天之内都没有发生变化，也不要急。家长要做的是，看到孩子有一点点进步就肯定他。冰冻三尺非一日之寒，而冰化三尺亦非一日之暖。想用很短的时间就改变几年甚至十几年养成的习惯，是不符合教育规律的。

我们都知道，在春天播种一粒种子，到了秋天才能收获果实。要耐住性子，慢慢等待。只要你能熬得过、守得住，把自己的能量提升到一定程度，孩子必然会有所改变。

除此之外，家长还要明白，每个孩子都存在个体化差异。有的孩子就像纸一样，一点就着，马上就会发生变化。但是这种孩子，可能存在不稳定性，做事三分钟热度。有的孩子则像铁板一样，烧半天既不红也不热，但是只要通过一定时间的持续加热就会有稳定的变化。如果你的孩子是铁板类型，你就要注意了——与焦虑、恐惧和贪心对峙的时刻到了。家长不要拿别人家的孩子同自己的孩子做对比，给孩子时间才是最重要的。

只学不修、只说不做的家长是很难看到结果的。不是孩子听了多少课程，懂了多少道理，家长就会看到结果。家长要明白，想到和得到之间还有一个关键的过程——做到。行动和实践是最重要的。学习知识型的课程通过学和记即可产生良好的结果，而学习智慧型的课程是需要家长做到信、愿、行、证，才可能看到结果的。

第三，家长的学习目的要明确。家长要问问自己：学习的目的是改变孩子，还是提升自己。如果家长在听课时，一直想的是孩子的问题，那么家长的目标和出发点就是改变孩子，他听到的内容也都是与孩子有关的，是带有选择性的。可以认为，这种家长的学习目的和动机就是错的，他们学了许多方法，只是为了控制孩子达成家长的理想状态，不是帮助孩子实现他的梦想。这种行为的本质是想要改变孩子，按照家长的意愿塑造孩子，而不是真正地接纳孩子。孩子会在家长的行为和语言中感受到家长的焦虑和不信任。

在改善亲子关系前，家长使用任何方法改变孩子都是无效的，因为接收者不做接收的准备，给予者无论给予多少都是无意义的。孩子不会接收来自家长的任何支持和帮助，甚至可能走向截然相反的方向；如果家长与孩子之间的关系是剑拔弩张的，那么无论家长说什么，孩子都会走向对立面。所以亲子关系很重要。

在教育孩子的过程中，家长要走的其实是一条自我成长的路，这条路没有捷径。孩子就是一个敏感的接收器，当家长感到恐惧时，他也能感受到恐惧；当家长放松或自信时，他也能感受到放松或自信。一个优秀的家长应该把教育的重心放到自我成长上，在不断修正自己的同时，也带动孩子提高和进步。

问题 59　家长忙于赚钱，无暇陪伴孩子

一个孩子给我写过一封信，内容大致是：他过生日那

> 天，爸爸妈妈都在忙工作，没时间回家为他过生日，还打电话和他说，他们要挣钱给他攒未来出国留学的学费，所以不能陪他了。孩子虽然理解父母，但是他当时真的很难过，他特别想让爸爸妈妈回来陪陪他。哪怕是一家人简简单单吃一顿饭，这也是他一直期待的情景和他认为的幸福。

这是一个孩子的真实想法。可能有的家长会说，我也想陪孩子，但是我要挣钱养家，要给孩子更好的生活。我又不能分身，只能有所取舍。请大家思考这样一个问题，挣钱养家和陪伴孩子真的不能兼得吗？

孩子需要家长的陪伴是正常诉求，可以理解，家长要挣钱养家，给孩子更好的生活条件，也无可非议。造成这种矛盾的原因到底是什么？

是孩子和家长对于陪伴的理解存在误差。

孩子所认为的陪伴不是要占据家长的全部时间，他们只需要家长偶尔能陪他们聊聊天，及时交流，而不是孩子一个人对着空气发牢骚。孩子需要的陪伴是一种精神上的互动和语言上的沟通，是家长的关注和在意。比如，孩子希望把在生活中、学习上的体验、经历和困难同父母讲一讲，哪怕父母并没有提供太多有效的帮助，只要他们愿意聆听，愿意表示关切，孩子就满足了。这种精神上的支持和守护是孩子希望从父母那里得到的陪伴。

而绝大多数家长对于陪伴的理解不是这样的。对于家长们而言，创造更多的物质财富，为孩子提供充分的成长和受教育的保障，是他们认为能给孩子的最好的爱。

因此，对于陪伴的不同理解，会导致家长和孩子很难理解彼此之间真正的需要，没办法给对方真正所需的爱。

那么，家长如何才能做到有效地陪伴孩子呢？

第一，家长要全情观察和投入。有些家长认为，在孩子的身边就是陪伴。其实，这只能算是陪着，是一种无效的陪伴。有些家长一边陪孩子，一边打麻将，或者玩手机、看电视，根本没有投入精力和孩子相处，更谈不上了解孩子，这就会造成家长很难理解孩子说的某句话或做出的某个行为。

家长只有真正全身心地投入去陪伴孩子，才能做到细致入微的观察，才能真正理解孩子的感受，懂得孩子言行背后的内心需求，看到孩子的进步。

最好的方式是家长可以每天抽出一段完整的时间，专心陪孩子玩游戏、做运动，哪怕只是单纯聊聊天。在这段时间里，你是完全属于孩子的，心无杂念，不被其他事情占据精力。

第二，家长要避免想方设法干涉和控制孩子。有位朋友认为，陪孩子玩是浪费时间。他说，孩子在玩耍中什么都学不到，总是傻乎乎地玩。

很多家长都生活在焦虑、恐惧、担心中，他们总觉得自己的孩子有许多缺点和不完美之处，他们总在陪伴孩子的时候想方设法地改变孩子。有的家长对孩子过于关注，寸步不离，生怕孩子磕着、碰着，这种没有界限感的陪伴，不但家长觉得累，孩子也会觉得烦。

第三，家长要留给孩子一定的空间。过度的重视和过度的控制都是不正确的爱，这会干扰和延缓孩子的成长进程。家长要留给孩子一定的空间，让他自己去探索和尝试，家长只需在孩子身边，让他感受到足够的安全感，并且适时地给他帮助就可以了。

第四，家长要在陪伴孩子的过程中，带孩子一起成长。家长带着轻松愉悦的心情去做自己的事情，孩子也会被这种氛围影响，感到放松和喜悦。此外，家长专心做自己的事情，本身就会产生一种示范效应。比如，家长在做家务时陪伴孩子，在家中工作时陪伴孩子，会让孩子看到家长是如何处理家务和工作的，会看到家长是如何待人接物的。日积月累，孩子可能不需要任何人教授他们这些经验和知识，就已经知道该如何去做了。正如荷兰教育家伯纳德·李维胡德所说："孩子对他周围环境的感知越是无意识，这种感知渗透进灵魂的就越多。"

各位家长，陪伴孩子从来不是看时间有多长，频率有多高。陪伴孩子需要你在和孩子相处的过程中，让孩子感受到你理解他、关心他，你心里有他，孩子想要的陪伴只是想要得到你的关注和爱。

问题 60　全职妈妈无法认同自己

一位多年未见的朋友突然联系我，说他的孩子出了一些问题，想请我帮忙。他说，他的女儿有严重的心理障碍，在自我认知和社交方面都需要调整。我很吃惊，在我的印象中，这个孩子是很活泼、开朗的。

朋友告诉我，他太太从孩子出生后就辞职了，全职照顾孩子和家庭。医生认为她对孩子的生活和学习过于关注，给孩子造成了很大的压力，使孩子变得孤僻，不愿意和别人交流，与妈妈好像是不共戴天的仇人一样。

至于这位朋友和孩子的关系如何，他是这样回答的：因为孩子的妈妈负责全职教育孩子，所以挣钱养家的责任都放在他身上，他就一心扑在工作上，也确实很少管女儿。直到女儿出现问题,他才意识到问题的严重性,他很惭愧没有尽到爸爸的责任。

后来我和这位妈妈聊了聊。这位妈妈说她从小家里孩子多,她排行在中间,上面有哥哥姐姐,下面有弟弟妹妹,她总感觉自己在家里是很容易被爸爸妈妈忽略的那个,所以从小就价值感不足。因此,生了孩子之后,她就辞去工作,想把全部的爱给孩子,照顾好孩子,陪伴好孩子。可是在孩子的成长过程中,她发现孩子任何不完美的地方都会让她接受不了,她认为是自己没有教育好孩子。

尤其当孩子犯错的时候,老公说她在家专门带孩子还带不好,就更让她觉得委屈、难过,因为她发现她的付出没换来老公的嘘寒问暖,反而是各种责备和质疑,她有时候甚至认为这个男人不爱她了。这种委屈和不理解积累得越多,家里的气氛就越紧张,她也会对老公处处不满,怎么看都不顺眼。对于孩子,她会处处监管、要求,结果孩子越长大越叛逆,反而出现了更多问题。家庭变成现在这样,她感觉自己很失败。

全职妈妈代表着这个社会上的一部分群体,她们为了家庭、为了孩子,牺牲了自己的事业,付出了自己的精力,换来的却不一定是美好的结局。我在这里给这些伟大的全职妈妈一些小小的建议，可以作为教育儿女、经营家庭的参考。

建议一：建立自我价值感。自我价值感的缺失是全职妈妈教育孩子的最大障碍。当一位妈妈决定放弃工作，全心照顾家庭和养育孩子的时候，她承担了很大的家庭压力和社会压力。她要承受别人的眼光和偏见；她其实也害怕别人说自己年纪轻轻的就不上班，在家带孩子靠老公养；她也怕自己在家带孩子带久了和社会脱节，等孩子长大后，自己很难再融入社会；她更怕自己脱离工作和职场，与老公慢慢地没有共同语言，渐行渐远。

这些疑虑和担心都会让全职妈妈的价值感一点点减少，并导致两种情况的发生。

第一种情况是她们会缺乏和外界的沟通。丈夫负责养家，夫妻之间交流也会变少，所以全职妈妈的亲密关系更多地转向亲子关系，妈妈会更多地关注孩子的需求，而过分的关注会导致孩子的烦躁和叛逆。同时也由于过分的关注，全职妈妈会增加对孩子的管制，这样会无形中带给孩子更多的压力。长此以往，孩子和妈妈的关系自然而然就很紧张。

第二种情况是曾经在职场上工作很出色的妈妈为了孩子选择当全职妈妈，一旦失去价值感，她们的心中就会充满委屈和不甘。她们会经常用自己的付出和牺牲来要求孩子好好学习，要求丈夫努力工作，然而这样往往会让家人感受不到自由和空间。孩子长大后会出现两种情况：一是孩子会一直顾全妈妈的选择和想法，活得很压抑，不幸福；二是孩子会反抗妈妈这种牺牲者讨债式的爱，甚至会和妈妈关系破裂。

因此，全职妈妈要摆脱单纯奉献的心态，一定要认可自己做的事情，要成全自己。虽然你们没有选择上班，但是你们做的工作并不简单，只是没有被社会量化而已。全职妈妈的所作所为其实是在支撑一个家很好地运转，所以你们做的事是很有价值的。同时，全职妈妈也可以去发展自己的喜好，去做自己想做的事情，要多成全自己，让自己开心起来，整个家庭的氛围和家庭成员的关系也都会向良好方向发展。

建议二：牢记教育子女需要夫妻双方的共同努力。例如，在孩子的成长过程中，爸爸的陪伴有助于提升孩子的能力、培养孩子沉稳大气的性格，爸爸的教育有助于强化孩子的性别认同等。全职妈妈一定要和丈夫讲清楚：教育是夫妻双方的事情，丈夫不能做甩手掌柜，如果把教育孩子这件事情全部交给妈妈，也会让妈妈和孩子陷入焦虑和痛苦。

建议三：全职妈妈要和孩子一起学习、成长。孩子小时候需要陪伴，长大之后则需要榜样。很多全职妈妈会有这样的困扰，明明是自己在全身心地照顾孩子，孩子最喜欢的人反而是爸爸。妈妈都一厢情愿地认为是爸爸唱红脸，对孩子不打不骂，才会让孩子喜欢。其实更深层次的原因是，虽然爸爸没有参与到对孩子具体的教育过程中，但是他在工作中所积累的气场和经验让他们成了孩子的榜样，孩子才会将爸爸视为偶像，对爸爸无比崇拜。因此，全职妈妈一定要学习、成长，成为一个有智慧、快乐、幸福的妈妈。当全职妈妈不再成长时，她就很难成为孩子的引路人，也很难走进孩子的内心。所以，妈妈给孩子最好的爱就是让自己得到成长，成为孩子的骄傲。

问题 61　父亲缺位子女教育

通过十几年做教育工作积累的经验，我发现父亲对孩子的生命成长教育起到了十分重要的作用，父亲的缺位对孩子的一生都会产生重大影响。有不少人承认，他们一方面曾经恨过父亲，另一方面又极其渴望得到父亲的拥抱。

在我们的传统观念里，总是"男主外，女主内"，男人会把做家务养孩子的事情全部丢给妻子，自己则早出晚归，负责赚钱养家。这就造成了许多中国家庭存在的一种现象：孩子经常见不到爸爸，也不知道爸爸去哪儿了。

一般情况下，造成父亲缺位的原因有三种。

第一种是由于现实原因而不能陪伴在孩子身边，这是陪伴上的缺位。

第二种是由于父亲对孩子缺乏关爱，造成情感上的缺位。

第三种是常见的家庭类型组合，即焦虑的母亲或能力较强的母亲和缺少责任感的父亲。这种家庭类型中的父亲容易在孩子的心目中缺位。

前两种父亲缺位的原因比较容易理解，我们来详细解释一下第三种原因。母亲的焦虑、抱怨破坏了父子或父女的关系，当父母发生纷争的时候，孩子会站在母亲一方，与母亲共同孤立父亲，反对父亲的言行。在这种家庭中，父亲即便常年在家，也处于缺位的状态，其教育起不到什么作用。

那么父亲在家庭教育中的缺位，会给孩子成长造成多大的影响呢？

如果是有男孩的家庭里父亲缺位，会造成以下几点问题。

第一，影响男孩对性别的认同。男孩 3~4 岁是明显的性别萌发阶段，在这个年龄段，他们需要向父亲或者男性榜样学习，进行自我性别认同，如果父亲缺位，男孩的性别认同就会受影响。尤其是女性长辈较多的家庭，对男孩溺爱和替代的养育方式可能会多一些，男孩的阴柔气可能会更多一些，阳刚之气就相对会减少。

第二，男孩在青春期成为问题少年的概率会增加。父亲未尽到教育义务，母亲过于焦虑，家庭缺少爱和温暖，孩子的问题自然会比较多。同时，在这样的家庭中长大的男孩未来在婚姻里也会效仿父亲，习惯性对家庭不闻不问，或者处于隐身的状态，婚姻自然也会不幸福。

第三，男孩容易对母亲有恋母情结。由于父亲经常不在，母亲的情感找不到寄托，孩子就会成为母亲的"假伴侣"，用来填补母亲的情感亏空。母亲离不开孩子，孩子也很难逃离母亲，因为"母亲没有安全感"会让孩子愧疚和不安，导致母亲和孩子很难健康地分离。母子间的这种关系会在孩子的未来生活和婚姻中出现各种问题，影响孩子健康的人生。

第四，常见的妈宝男往往也生活在父亲缺位的家庭里。有些父亲自己还是一个没长大的孩子，自然不能担当起作为父亲这个角色该有的责任，这时候母亲往往会选择代替父亲的位置，想替丈夫管孩子，但是她不知道母亲是无论如何都没办法代替父亲的，父亲在生活中所展现出来的各种软弱无力都在潜移默化地影响着儿子，母亲再怎么恨铁不成钢，都无法阻挡孩子潜意识里对父亲的效仿。孩子就会在母亲的控制教育和父亲的示范下，成为妈宝男，未来的婚姻自然也不会幸福。

以上是父亲缺位对男孩的影响。下面继续分享父亲缺位对女孩的影响。

父亲如果在家庭教育中缺位，女孩更容易成长为我们所说的"假小子"。因为父亲缺位，孩子不想看到母亲被欺负、被冷落，为了保护母亲，孩子可能会在自我性别认同的时候出现偏差。

另外，母亲的痛苦软弱，会让女孩以后不想成为母亲那样的人，她会潜意识里否定女性性别，想做男子汉。还有些家庭比较重男轻女，认为男人才有力量和价值，这就加重了女孩的这种想法。她们会幻想以此方式弥补自己和母亲的情感缺失，为了证明自己不是软弱无力的，她们的性别取向会更多地偏向中性。

父亲缺位，女儿的婚姻更容易出现问题。如果母亲对父亲经常有怨言，而女儿不知道如何处理这种冲突，就会延续到自己的婚姻中：她们既爱父亲，又不想站在母亲的一边去恨父亲，导致她们在婚姻中处理和另一半的关系时会很挣扎。她们一会儿觉得男人可信，一会儿觉得男人可恶，婚姻会埋下隐患。

讲到这里，我们就知道父亲的教育究竟在家庭中有多重要了，父亲是母亲无法替代的，所以在家庭中，父亲不能缺位。希望每位父亲都能陪伴孩子，都能参与到子女的教育中，让孩子健康快乐地成长。

问题 62　父母不清楚夫妻关系对孩子产生的影响

有不少家长认为，夫妻关系好坏对孩子的成长影响并不大。真的是这样吗？如果夫妻感情稳定，家庭和谐，那么孩子的安全感就很容易建立，即使夫妻双方在生活中发生争执，只要处理得当，也不会给孩子造成心理问题。因为孩子的内心是需要依托稳定的环境而成长的，换句话说，夫妻关系的好坏会影响孩子的心理健康。

一般来说，夫妻关系出现了大的裂痕，孩子容易产生分离焦虑的心理问题。即使夫妻二人并不是为孩子而争吵，但是孩子看到父母在争吵，很容易将问题归到自己身上，会认为是自己犯了什么错误导致父母吵架，甚至会脑补出父母离婚的画面，但是孩子又不敢问，于是他会焦虑，并且会把这种焦虑压抑在内心深处，小心翼翼地生活。所以，夫妻关系出现裂痕会对孩子的心理发展造成不利影响。

夫妻关系的好坏，也会影响孩子未来的择偶标准。老辈有一句话说：什么样的父母教出什么样的孩子。感情良好的夫妻教育出来的孩子，长大后多年也会更懂得珍惜自己的另一半，更懂得婚姻的实质是理解和宽容、信任和支持。

夫妻关系是否和谐，还会影响到孩子能否建立起自信心和自我认同感。我们可以在很多公众场合看到很多孩子有表现自己的欲望，尤其是当他们的父母在身边的时候。孩子的表现欲源于自信。有很多家庭不和睦的孩子很自卑，这就是孩子自我评价较低造成的。在良好家庭氛围中长大的孩子，一般更容易有自信心，愿意将自己的心门打开，宽容、大度，可以接纳和关怀每一个人。

夫妻关系良好会让孩子有安全感。安全感往往存在于生活中的各个方面，而且伴随我们一生。没有安全感的孩子会在陌生的环境中显得局促不安，适应能力差；在有爱的家庭中长大的孩子，他能全身心地投入他所追求的事业中。一个有爱的家庭，会让孩子感觉到，无论在外面遇到了什么样的事情，家永远是避风的港湾。

以上是夫妻关系对孩子心理的一些影响。接下来我和大家分享一下不同的夫妻关系会对孩子的性格造成怎样的影响。

第一种情况，夫妻恩爱。在这种家庭关系中长大的孩子的性格往往开朗大方。在家庭生活中，爸爸妈妈相亲相爱，家庭氛围就会和睦友好，孩子在潜移默化中会变得开朗自信。父母是孩子的依靠，父母关系的好坏不仅影响着孩子的安全感，而且影响着孩子的自信心。他们长大后会更懂得婚姻的实质，也会更加尊重对方。

在这种家庭中长大的孩子也容易形成善良、友善的性格。夫妻双方相互尊重、相互信任，爸爸对妈妈关心，妈妈对爸爸照顾，父母的一举一动，孩子都会看在眼里，学在心里。孩子对待他人的时候，自然而然也会采用同样的态度。

第二种情况，夫妻关系完全依靠孩子维系。在这类家庭长大的孩子容易形成以自我为中心、自私自利的性格。具体来说，这种家庭的夫妻关系一般，虽然没有太大冲突，但是会时常处于"冷战"状态。由于夫妻之间的关系比较冷淡，因此他们常常去孩子那里寻求补偿，孩子常常被溺爱、过度保护，或者被过度干涉。这会导致孩子以自我为中心，比较任性和自私等，不利于孩子各方面的发展。这样的家庭表面上看起来尚能平静，却潜藏着危机。

第三种情况，夫妻关系不平等。在很多家庭中，夫妻双方的地位并不是平等的，有父亲占主导地位的，也有母亲占主导地位的。母亲如果强势，父亲则会沉默，这样会加重母亲的控制欲，男孩就会变得自卑懦弱没有主见，女孩往往会遗传母亲的强势。如果父亲强势，什么都得听父亲的，女孩往往会变得叛逆或者自卑，男孩则会变得霸道、骄傲自大。

除了以上三种情况，还有很多种夫妻关系会对孩子的性格造成影响，比如夫妻双方爱争吵，孩子的脾气往往会暴躁，遇到问题和处理事情容易变得焦虑；如果夫妻关系过早破裂，孩子往往会变得抑郁、偏执、多疑、没有安全感；如果夫妻总是一遇到事情就彼此推诿，互相说对方的不是，孩子往往也会在遇到问题时选择逃避，变得懦弱没有担当。

在这里，我们重点介绍一下父母经常吵架对孩子造成的影响。

大于众学 App 有问必答的版块里，有一个讨论量最高的话题：父母吵架对孩子的心理健康影响大吗？这个问题一提出，回答量一直在上升，大部分回答都是家长和孩子的亲身经历。

　　在各种答案里，我们看到了很多在父母吵架环境中长大的孩子经历的痛苦，以及父母吵架对他们长大后的深远影响。有的人不知道怎样和人相处；有的人缺乏安全感，处事悲观，自卑，不自信；有的人感受不到家庭温暖，对亲情淡漠，对爱情也不抱有信心，甚至想不恋不婚……这些留言让浏览的父母都很心惊。

　　几天后，版主追问了一个问题：父母吵架时，你在干什么？有人回答，父母吵架时，自己会躲在房间里，用手捂着两只耳朵，因为害怕他们吵架；但是也会留心他们吵架时的动静，防止他们打起来。有的人说，当他的父母吵架时，他很紧张，便屏住呼吸，祈求不要发生更严重的后果。还有的人说，父母吵架的时候，他不敢说话，因为一说话，眼泪就会掉下来，他不敢释放自己的情绪，生怕自己的眼泪让事情变得更糟糕。

　　可能很多家长会认为，孩子好好学习就行了，大人的事跟他们有什么关系呢？这些都是大人要解决的问题，孩子不要过多关注这些。然而问题恰恰出在这里，孩子不能理解这个道理，才会觉得父母吵架可怕。

夫妻可以"床头打架床尾和"，孩子却觉得世界末日快要到了。有的孩子看到父母发生冲突的画面后，内心会产生怀疑——这与他们内心对家的期望是相反的。于是，父母吵架的画面会成为孩子内心的冲突，父母的战争就会变成孩子内心的战争。他们会思前想后，内心已经充满了各种疑问和恐惧，他们会怀疑父母是不是因为自己而争吵，担心父母会不会因此离婚，害怕父母的争吵会转移到自己的身上，却不敢问父母。这样，明明是父母的吵架，却变成了孩子的自我怀疑和自我攻击。

还有的孩子感受到父母的焦虑和冲突后，会自动补位，试图通过自己的力量，把父母重新联结起来。他们会通过制造问题的方式，吸引父母的关注，从而把父母的注意力从夫妻冲突转移到他们身上。

不仅如此，这些孩子长大以后，还会重复父母的婚姻观和婚姻模式。

> 泰国有一个广告讲述了这样一个故事。一对夫妻来到自己的女儿家做客，发现女儿一到家就忙得焦头烂额：煮菜做饭、收拾打扫，一边忙着照顾孩子，一边打开电脑查

看工作进度。与忙碌的女儿形成鲜明对比的是，女婿安闲自在地躺在沙发上看电视、喝咖啡，还不时地吩咐女儿做一些事情。夫妻俩看到女儿在家里任劳任怨、来回穿梭的身影，泛起一阵心酸。

父亲发现女儿就像是妻子当年的复制版，而当年的自己就是袖手旁观的女婿。他为自己对妻子多年的付出熟视无睹而感到惭愧，为自己没有给女儿树立一个好榜样而自责。离开前，他给女儿留给下了一封信，信里这样写道：这个家，是两个人的家，需要孩子的父亲一起付出，才是完整的家。

儿童心理学家让·皮亚杰曾提出延迟模仿的观点，即对一段时间之前出现的他人行为进行模仿。他认为，延迟模仿第一次出现在1岁半左右。对于父母的行为习惯，1岁多的孩子即使只接触过一次，也能在四个月以后模仿出来。而父母的一些长期的习惯，很容易成为影响孩子终生的习惯。这也是为什么长大后的我们会在自己身上找到父母的影子，甚至会重复父母的人生轨迹。

而在性别定型过程中，男孩倾向于模仿父亲的行为，女孩则往往模仿母亲的行为。当他们成年之后，他们的爱情、婚姻、家庭中的亲密关系，也会无意识地参照父母的关系。

比如，在择偶的过程中，女儿往往会不自觉地根据父亲来确立标准；在新组建的家庭里，则会效仿母亲在家庭中的行为。再如，家庭中女强男弱的夫妻关系，容易造成儿子在未来婚姻关系中的怯弱，女儿则表现得比较强势。不和谐的夫妻关系会导致子女在自己组建的家庭里与伴侣发生矛盾；夫妻的彼此责备，会让孩子在未来的婚姻中彼此推诿，很难拥有健康快乐的婚姻，成为受害者。

这些大概就是父母不和谐的婚姻给孩子带来的最大影响：明明是最应该教会孩子什么是爱、如何去爱的两个人，却用实际行动告诉孩子，原来爱并不美好，婚姻并不值得期待，同时还传承给孩子错误的婚姻价值观和行为模式。

我们都知道良好的夫妻关系，是建立良好亲子关系的前提，也是建立良好家庭关系的基础。各位父母，如果你们真的爱孩子，希望他们未来能过得好，请学习夫妻之间的相处之道，找到使家庭幸福的秘诀，不要在孩子面前争吵。给孩子一个充满爱意、充满安全感的家庭，是父母给孩子最好的爱。

问题 63 父母经常对孩子发怒

有一位家长提出了一个问题，父母易怒将给孩子带来怎样的影响。没想到的是，这样看似普通的问题，却引起了很多人现身说法，每一条留言都透露出了大家童年的无奈和无助。

有一条留言说：我妈妈真的是那种前一秒笑嘻嘻，后一秒就能因为一件小事破口大骂的人。家庭真的很影响孩子的性格，我现在在家里也很沉默，就是因为小时候生长在那样的家庭里，导致我一直不敢多说话，秉持少说少错的原则。

还有一条留言说：我的父母也很容易发脾气，导致我从小就养成了小心翼翼，看别人脸色，喜欢讨好别人的习惯，所以人生走到现在，总是感觉过得不幸福。

类似这样的留言还有几十条，每一条都让人很心酸。通过这些留言我们可以看到，父母总是一边深爱着孩子，一边在用自己的坏情绪和脾气伤害着孩子。父母的脾气、性格都深深地影响着孩子的人生。

很多孩子长大以后，都没办法忘记父母那些坏情绪带给自己的恐惧和伤心。如果没有得到及时有效的清理，这些情绪就会一直跟随着孩子，成为孩子一生的噩梦。

易怒的父母养出的孩子大多都敏感多疑、自卑懦弱，总是习惯性地压抑自己，不断地讨好别人，心里没有安全感。这样的孩子在生活中会竭尽全力去维持一种和谐的状态，会一直通过讨好别人来寻求安全感，因此他们不敢有不同的意见。他们在做事的时候因为特别害怕无法做好自己的事情，会让别人对自己失望，所以会想东想西，犹豫不决，很难做出选择。

同时，他们也会常常忽略自己的感受，隐藏情绪，习惯性取悦、奉承别人，过分在意别人的感受。别人的一句无心之谈或者一个不经意的动作，都会引起他们的警觉，觉得别人在对他们暗示什么，会浮想联翩，心绪很难平静。他们总觉得自己是生活中的配角，总害怕被别人抛弃，因此他们的情绪很脆弱。而这些敏感脆弱的情绪，会影响他们的学习、工作和生活。

其实家长也都知道发怒会对孩子产生不良影响，因此许多家长常常在对孩子发完脾气之后就会感到很后悔，并开始心疼孩子。那为什么家长要对孩子发怒呢？其实有时候家长对孩子发怒，并不是孩子太调皮、太难教，而是父母本身出了问题。有些家长冲孩子发怒，并不是因为孩子做了多大的错事，而是家长自己当下的状态不好，恰好孩子出现了一些小问题，这些小问题就变成了家长发怒的导火索。他们是在拿孩子当出气筒。

还有的父母对孩子发脾气，是失控感和无力感在作祟，他们想用怒气迫使孩子顺从自己。比如，孩子不好好吃饭，妈妈就用发脾气来威胁；孩子不好好写作业，爸爸就恐吓孩子；孩子不听话，父母就生气。这种容易发怒的父母本身就有很多负面情绪，也正是因为负面情绪过多，他们有时才会控制不住自己，对孩子发脾气。

怎么能减少父母的怒气对孩子的伤害？

第一，当情绪不好时，父母可以远离孩子一段时间。父母一定要记住，有情绪的时候尽量不做决定，有情绪的时候不教育孩子，带着情绪解决不了问题。要给自己时间冷静下来，想清楚自己为什么生气，平静下来后再去解决孩子的问题。

第二，允许孩子犯错。父母要清楚孩子犯错是正常的，这是孩子成长的一个机会。面对孩子的错误，父母不可以以暴制暴、以恶制恶，否则只会导致孩子犯更多的错误。父母要试着换位思考，理解孩子，用我在《觉醒父母：教育子女的8大智慧》里讲到的批评方法，告诉孩子哪里做得不对，让孩子有所成长。

第三，父母发脾气后一定要修复和孩子的关系。父母可以向孩子道歉，试着让孩子接纳理解父母。在道歉的同时，父母要倾听孩子当时的感受和想法，这样能增加对孩子的同理心，拉近彼此之间的关系。

在家庭之中，父母是播种情感的人。有的父母给孩子种下的是爱和尊重，孩子会带着爱健康成长；有的父母给孩子种下的是恐惧和负罪感，孩子可能会带着伤痛过完一生。为人父母，我们能送给孩子最好的礼物就是不断成长，只有不断认识到自己的不足，才能看到自己对孩子造成的伤害，才能及时纠正自己的行为。孩子是无辜的，不应该让孩子一生的幸福为大人的情绪买单。

问题 64　高学历家长不一定会教育孩子

一位家长说他的孩子小学时学习成绩非常好，上了初中之后学习成绩越来越差，上了高中之后就开始断断续续地不去上学了。而这一次孩子竟然让父母去学校办理退学手续。

通过交谈我发现孩子的父母是大学教授，外公外婆也都是高校退休的骨干，他们一直对朋友和同事隐瞒孩子的学习情况，认为自己身为教育工作者却教育不好自己的孩子，很丢人。这位家长说，从初中以来，孩子的学习一直是他们的一块心病，他们也想知道哪里出现了问题。

有句老话说得好："龙生龙，凤生凤，老鼠的孩子会打洞。"然而在现实生活中，我们往往发现很多高学历家长却教不好孩子。一般来说，家长的学历高，孩子的智商和学习能力应该也不会差，那么这个孩子为什么会成绩越来越差，最终想要退学呢？

其实道理很简单，家长虽然拥有高学历，却不一定了解教育方法。这些家长大多是应试教育的胜利者，他们中的不少人按照自己曾经的经验，以自己为标准来教育孩子，对孩子的成长给予厚望，要求孩子必须优秀，往往比普通家长对待孩子更加严苛。

有一种压力叫作背景压力。越是高学历家庭越容易拥有优质的资源，孩子越要被父母要求提前在起跑线上做准备，承受较大的背景压力。

> 一个5岁孩子的简历曾引起了热议。他的父母为他"幼升小"做了一份简历，目标学校是一所优质的双语学校。家长做了许多幻灯片详细叙述了孩子5岁前的经历，从家庭、性格、旅游、爱好，到父母的教育观，再到幼儿园老师评价以及阅读的英语名著这几个方面出发，力图让学校的面试官看到孩子的综合素质。
>
> 家长给孩子做简历申请"幼升小"并不新鲜，但这个孩子的经历引发了许多家长的焦虑：孩子3岁时就掌握了自由泳，4岁开始学钢琴，5岁能背100首古诗；学了4个月围棋，取得了业余11级成绩；英语书本的阅读量达到了500本，每周写3篇英语日记；绘画作品已经积累了150幅；通过实验了解了浮力、密度、磁力、重力、热胀冷缩等基本原理；了解了多米诺骨牌效应；游历了很多国家……

通过进一步了解，我们发现这个孩子的父母都具有高学历。为了孩子有所成就，他们不浪费孩子的分分秒秒，孩子走的每一步都在他们的计划之内，为的是让孩子赢在起跑线上。为了让孩子进入当地一流小学，他们从孩子懂事起就开始了每一步的培养，希望让孩子拥有完美的人生。

在这样家庭中长大的孩子常常背负着家庭的期望。父母有意无意将这种期望传递给孩子——父母当初能做到的，他们希望孩子也能做到，而且父母还为孩子创造了各种优越条件，孩子只能比父母更有出息，这让孩子感受到了较大的压力。于是，在家庭的严格要求之下，很多孩子被剥夺了一些能力，他们活在了父母的控制和要求中。孩子没有动力，也就很难有自我价值。而教育最大的秘诀就是让孩子感受成就感，很多时候是成就感带来了成功，而不是成功带来了成就感。

世界上没有不会学习的孩子，只有为学所伤的孩子。高学历家长有三种行为容易打击孩子的积极性，降低其成就感。

第一，对孩子的期望过高。很多高学历家长对孩子的成绩永远不满足，一味地对孩子提出高要求，却不给孩子鼓励和指导。他们认为，孩子优秀了，他们才有面子，脸上才会有光彩。

> 有一个小男孩说自己好不容易当上了班级里的小队长，妈妈不仅没有肯定，反而说小队长有什么值得夸奖的呢？你们班级里那么多人都当过，要当就当中队长，指挥一个班的人。后来孩子通过一点点的努力，当上了中队

> 长，和妈妈分享，妈妈却说，只是中队长而已，又不是大队长，有什么好高兴的。孩子总是在妈妈的高期望中感受到失望，慢慢地就放弃了自己的追求。

第二，对孩子的事情事无巨细地管控。高学历家长往往方方面面都很优秀，他们不愿孩子走弯路，每一件事情都要为孩子安排好，都要过问，都要给出自己的意见。这样做会导致孩子没有自由和选择权，让孩子感觉所有事情都要按照父母的要求做，所有的事情都是做给父母看的，长此以往，孩子会丧失学习、生活的动力，失去做各种事情的自主性；同时，孩子也会逐渐变得没有责任感，既不愿意对自己负责，也不愿意对家庭负责。

第三，在教育孩子的过程中操之过急。很多时候，家长会认为事情很简单，就一味地按照他们的标准来要求孩子，当孩子成绩没有达到他们期望的目标时，就武断地认为孩子不够努力，不够用功。这时，他们会显得特别着急，希望在孩子的教育方面马上就能看到成果。

家长要记住，对待孩子的教育急不得。教育不是功利性的，不能急功近利。教育孩子需要家长的言行引领，耐心守候。在现实生活中，家长总是想办法用自己的经验、阅历、资源帮助孩子绕过艰难，寻求捷径，直达主题，但是家长往往忘记了一个最简单的道理：生活是孩子自己的。因此，家长应该允许孩子有自己的想法，走适合他自己的路，而不是一味地遵从家长的意愿而活。

问题 65　老师不一定能教育好自己的孩子

有不少人认为，老师掌握了科学的教育方法，具有丰富的经验，肯定能教育好自己的孩子。然而，我们发现，有些老师并不能教育好自己的孩子。一位家长给我们留言：他是一位从业多年的老师，发现自己的不少同事教育学生比较顺利，却在教育自己的孩子时遭遇了许多问题。

我经常和不同的校长、老师交流，在交流的过程中，确实也发现了这种怪象：很多老师可以教育出优秀的学生，却很难能培养出优秀的子女。出现这种情况最根本的原因是角色混乱。

很多老师经常把家庭当成学校，导致自己角色混乱。自己在学校的角色是老师，回到家后仍然扮演老师的角色——孩子做得不好，他们会严厉地批评孩子，孩子做得好，他们也很少鼓励孩子。批评和要求太多，会让孩子感觉在学校里有一个老师管束，在家里也依然有个老师看管，自己感受不到爱和温暖。

孩子在家里的角色和在学校的角色是截然不同的。在学校的时候，孩子会做一个尊敬老师的好学生。但是很多孩子回家之后，自然会做回孩子。他们希望得到爸爸妈妈的赞赏和表扬，即使在某些方面做得不好，也希望得到爸爸妈妈的鼓励和关心。

由于长期的职业习惯，大多数老师都有一种思维定式，即很担心自己的孩子也会像班级里某个特别难教的孩子一样，最终成为成绩不好或品行不佳的学生。因此，他们对待子女会格外谨慎，要求孩子言行中规中矩，一旦有自己觉得不合适的地方，就会严厉批评孩子。而孩子一旦有了自己独立的思想，想体现自己的价值，这种管束方式就会失效，甚至会起到相反的作用。

每位老师都希望自己能够教育出优秀的孩子，也希望自己的孩子优秀；如果自己的孩子不优秀，他们就会觉得是一件很丢人的事情，与自己教师的身份不匹配。因此，他们会对孩子要求过高，导致孩子丧失信心，孩子的创造力和个性就会被压抑。

除上述原因以外，许多老师容易关注琐碎的细节，喜欢对孩子进行说教。当孩子犯错误的时候，不少老师对孩子的情绪视而不见，只是集中精力去说他们认为对的道理，长篇大论，滔滔不绝。当孩子展现出负面情绪时，他们会认为孩子的态度不端正。孩子在本身的负面情绪中得不到谅解和有效的支持，最终变得不信任父母，甚至导致亲子关系破裂。所以，在合适的场合扮演合适的角色是非常重要的。即便你的职业是教师，回到家里你也要扮演父母的角色，也要不断地学习和成长。

问题 66　家长因孩子的不良习惯而生气

一位家长说，他的孩子成绩还不错，就是生活习惯不好，经常邋里邋遢，都上初中了还不注重个人卫生；经常丢三落四、忘带东西。每天看到他的这些行为，家长都会忍不住生气。家长还说，有一天早上上课的时间都快到了，结果孩子还在睡懒觉，催了好几次还是慢吞吞的，于是他打了孩子几下。后来他也觉得自己不该打孩子，但是遇到这样的事情，还是会忍不住生气。

其实这位家长遇到的问题也是许多家长都遇到过的问题。各位家长可以思考一下，你最接受不了孩子的哪些行为或习惯？一看见他们有这些行为或习惯，你是否会陷入烦躁、愤怒等情绪？有的家长说最接受不了孩子每天晚上不洗袜子，一想到这一点就很生气；有的家长说最接受不了孩子写作业磨磨蹭蹭，一想起来就很烦躁；还有的家长说自己最不喜欢孩子做什么事情都没有主见，一想起来就很焦虑，怕孩子未来不好过。

其实家长都明白，负面的情绪不仅解决不了问题，还会制造更多的问题。就像案例中的那位家长一看到孩子睡懒觉，看到孩子一副懒散的样子就很生气。我们一起来思考一下，让这位家长生气的真正原因是什么？是孩子的懒散，还是家长无法接受孩子的懒散？答案一定是后者，家长无法接受孩子的懒散。如果这位家长能接受，也就不生气了，不是吗？

那么，这位家长为何会对孩子懒散的行为如此生气？因为他给懒散贴上了一个标签，认为这种行为是不好的，是不堪的，是孩子不应该有的行为。因此，他就没有办法接受孩子懒散的事实，自然就会生气。

如果这位家长当时能转变一下思路，就会有不一样的感受。比如，他可以把这件事当作改掉孩子懒散习惯的好机会。他可以去房间里去提醒孩子："该起床了，还有半个小时你就要上课，再不起来就迟到了。"提醒后就退出房间，孩子起来了，也不责怪他；如果孩子没有起来，迟到了，就会让孩子有"不按时起床上课就会迟到"的意识，从而明白作息规律的重要性。这样就会让事情有不一样的结果，这位家长的心情也就不会变得糟糕。因此，我一再强调，真正让你痛苦的不是事件本身，而是你对这件事赋予了什么样的态度和观点。当你改变了态度和观点，你的情绪也就自然而然地发生了变化。

家长往往在孩子出现问题时表现出焦虑、愤怒等情绪，那样并不利于解决问题。家长必须清楚，孩子出现的每一个问题其实都是一个契机——一个让自己改变、让孩子成长的契机。这些问题就像考试一样能检验出孩子在哪些方面有缺漏，家长可以和孩子一起查漏补缺，让孩子变得更好。

孩子的行为和习惯出现问题，多半和家长有关。如果孩子很自私，经常自以为是，说明孩子可能有一个经常夸夸其谈、自以为是的家长；如果孩子经常抱怨别人，说明孩子很可能有一个经常怨天尤人的家长；如果孩子有暴力行为，就说明孩子可能有一个暴力型的家长；如果孩子不善良，说明孩子可能有一个缺乏同情心的家长；如果孩子懒惰，说明可能有一个为他包揽各种事情的家长；如果孩子过于敏感多疑，家长就要反思家庭氛围是不是缺乏宽容和温暖。

孩子的每一个问题行为，都暴露了家长以及家庭存在的问题。既然如此，家长为什么不能接纳孩子的行为呢？只有家长把孩子出现的问题当成改变的机会，才能更好地接纳孩子，改变自己。家长摆脱了负面情绪，才能摆脱错误的行为模式，才能停止错误的做法。把问题当成机会，家长才会变得更有力量，从而更加积极地解决问题。

家长要感谢孩子出现的问题。孩子胆小懦弱，其实是在提示家长，对待孩子不要过于严格，要柔软下来，多鼓励赞赏孩子。孩子不上进，其实是在提示家长，其对孩子的要求可能过高，或者其不思进取的态度影响了孩子，家长正好可以从提升自我开始，和孩子一起做出改变，共同进步。孩子不喜欢学习，其实是在提示家长，平时的一些行为可能打击了孩子学习的积极性，要多对孩子进行肯定，帮孩子树立信心，增加孩子的成就感。

对于一个家庭来说，家长是根，孩子是花朵。家长明白这一点，就会在孩子出现问题的时候，首先向自己的内在寻求答案和改变，而不是只会对着孩子的行为发脾气。家长一定要记住：把孩子出现的问题当成问题，只会制造更多的问题；把孩子出现的问题当成改变的机会，就可能会让孩子的人生发生改变。

再多的说教都比不上家长的身体力行。要想让孩子更好地成长，家长就要和孩子一起做最好的自己。没有教育不好的孩子，只有不会教育、不肯成长的父母。

问题 67　父母和老人在子女教育方面有分歧

有位家长反映了这样一个问题。他们是和老人住在一起的，平时和老人关系不错，但是只要遇到和孩子有关的问题就会有矛盾。孩子从小被爷爷奶奶宠爱，每当孩子犯错，爸爸妈妈想管教孩子，爷爷奶奶就会插手。后来，孩子一做错事就会第一时间到爷爷奶奶那里寻求庇护。老人出面维护，父母也不好说什么，教育也就没有效果。

这种情况其实很常见。老人的做法，一方面源于孩子是他们老年生活中情感的重要寄托，宠爱维护孩子是他们最直接的表达方式，他们也能在给予孩子各种满足中获得价值感；另一方面，他们认为，在照顾孩子方面，自己比年轻父母更有经验。

家长们的教育方式不一致对孩子的成长是非常不利的。和家中长辈在一起居住，更容易在教育方式上产生分歧，会产生一些问题：孩子很容易为自己的错误找避风港，久而久之，孩子听不进去批评和意见，通过表扬甚至是虚假的赞扬来调节心理平衡，抗挫折能力、承受能力可能会下降。

这就要求年轻的父母学会妥善处理此种情况。虽然孩子的教育很重要，但是也不能让老人没有面子。在这里给大家几个建议。

第一，要真诚地感谢老人。孩子的父母要在私下真诚地感谢老人，感谢他们照顾孩子的辛苦，理解和肯定他们对孩子的情感。孩子的父母一定要有一个基本的认识，抚养、照顾孩子是自己的责任，老人没有义务带孩子，不要觉得这是理所应当的。形成了这个认识，孩子的父母就会有感恩的心理，就不会产生心理失衡。

第二，找到和老人在教育孩子方面的共同目标。无论是孩子的父母，还是孩子的爷爷奶奶、姥姥姥爷，都希望孩子能更好地成长，大家在教育孩子的方向和目标上是一致的，不同之处在于教育方式。所以父母一定要和老人在某些方面达成共识。比如，在父母称赞或批评孩子的时候，老人不要唱反调；双方有分歧，可以在教育孩子后私下解决；等等。和老人在教育孩子的方面立下规矩，沟通清楚，就会减少矛盾。

第三，要承认老人对孩子的教养也有可取之处，对孩子的某些方面的管理甚至非常有效。父母和老人可以私下沟通好，采取谁管有效就让谁管的原则。例如，事先规定这件事爸爸妈妈管理有效，就让爸爸妈妈管理，那件事适合奶奶管理，妈妈即使不满意，也要退到一边，私下表达意见。这样，孩子就在家长有效的管理下，领略到虽有不同但是同样充满爱的教育风格。

第四，父母要抽出更多的时间来陪伴孩子。父母只有多陪伴孩子，和孩子进行有效沟通，理解孩子，尊重孩子，孩子才会更愿意和父母亲近，父母的引导才能真正看到效果。父母在孩子心中的地位是任何人都不能代替的，父母和孩子的关系和谐，教育才能起到作用。

我还要补充一点，你的目的不是要教育和改变老人，而是教育孩子。如果老人改变不了教育方式和理念，年轻的父母就要注意了，千万不要当着孩子的面和老人发生冲突，否则容易出现两个不利的方面。

第一个不利方面：任何教育方式和理念，如果是当着孩子的面吵架定下来的，在孩子的心目中都会大打折扣，不利于以后的执行。有的孩子会在父母和老人之间找到真空地带，或者察言观色，游走于两代家长之间，这不利于孩子健康人格的形成。

第二个不利方面：孩子看到自己的父母和老人发生冲突，心中会形成不良的人际沟通模式。日后，孩子就可能学会并熟练采用父母所采取的沟通方式，与人发生冲突，这不利于养成孩子的健康人际交往能力。

从组建家庭的那一刻起，我们就要学会处理各种家庭琐事和关系，中间可能会产生各种矛盾和不解，在教育孩子方面和老人不一致，也仅仅是其中一个冲突。这正是我们要学习提升的方面，对我们来讲是一个难得的成长机会。当我们的能力提升后，孩子的问题和老人的问题都将不是问题。

问题 68　家长不重视自己的学习

大多数家长对孩子和教育缺乏深入理解，经常是孩子出现什么问题，家长意识到了，就赶紧关注一下，处理一下；看到孩子不尽如人意的地方，就开始忧虑孩子几年后的高考，甚至以后的婚姻和事业。

家长不知道的是，忧虑本身就会毁掉孩子的未来。家长之所以感到忧虑，是因为对孩子的教育缺乏宏观的掌控，不知道什么事该做、什么事不该做，以及做得够不够。

有些家长由于不了解孩子所处年龄段的特点，也不了解教育的发展规律，一旦遇到孩子发生问题，就会感到焦虑，不会处理，甚至对孩子未来的发展方向也比较迷茫。

为什么会出现这种情况？就是因为很多家长忙于工作和家庭，疏忽或者懈怠了对自己的要求，疏于学习和自我提升。这种懈怠和疏忽容易导致自己总是被动地陷入各种问题，甚至付出更高的成本。

我们常说父母是孩子的第一任老师，但是孩子又何尝不是父母的老师呢？孩子来到这个世界上，会在成长中遇到各种各样的问题，而这些出现在孩子身上的问题，也折射了孩子父母的不足或缺陷。从某种角度而言，孩子出现问题，也是对家长的一种警示：如果孩子总是来打扰你，说明你给他的关注和确认不够；如果孩子嫉妒心强，说明你总拿他和别人比较；如果孩子不懂得尊重别人的感受，说明你总是忽视他的感受；如果孩子对你有所隐瞒，什么都不告诉你，说明你平时对他的打击太多，逐渐失去了他对你的信任。

所以说，陪伴孩子成长的过程，也是家长观察和培育自我的最好机会。家长其实是借由孩子来反省自己、塑造自己的。如果家长连与自己的关系、与他人的关系、与世界的关系都处理不好的话，又怎能处理好自己和孩子之间的关系呢？如果家长对这个世界缺乏好奇心，又怎么能留住孩子的好奇心呢？家长身上并不具备必备的品质和能力，又怎么能传递给孩子呢？

如果家长本身抗拒自我成长，就会把成长的任务转嫁到孩子身上。如果家长不能接纳自己，对自己不满意，就特别需要令人满意的孩子。如果家长不能处理好亲子关系，心中就会有一个理想孩子的形象，希望孩子主动符合自己的期待。家长几乎和孩子绑定在一起，心情随着孩子的表现发生变化。这样一来，孩子的人生就会被父母绑架，而一个孩子很难负担两代人的成长任务，这样的状态一定会频频引发各种问题。

如何避免或减少此类问题？还是离不开学习。家长在学习育儿知识的过程中，在解决孩子问题的过程中，可能会有煎熬、迷茫和焦虑，但是只要坚持下来，能力得到提升，很多问题都将不是问题，我们的人生也会变得更加通透、更加顺畅，不会再被同一块石头绊倒。

请各位家长记住，教育的方法和技巧只是孩子成才的一种途径。家长对孩子的教育，拼的是自己的功底，拼的是自己的处世态度和人生感悟。也就是说，家长将会用很长时间参与到对子女的教育中。教育孩子的王道，就是家长不断地自我成长。家长只有自身变得足够优秀，才能通过自己的能力激发孩子的潜力，让他们变得更加优秀。

行为篇

问题 69 孩子浏览色情网站

我收到过一位家长的求助。有一天她下班到家，发现读初一的孩子正在惊慌地关电脑。她感觉很奇怪，因为孩子平时打游戏从不提防他们。她让孩子出去买东西，然后恢复了网页，发现竟然是色情网站。面对孩子浏览色情网站的情况，这位妈妈表现得很焦虑，并有些不知所措。

我很能理解这位妈妈的心情，但我想说这是一件很正常的事情，不用过于惊慌和焦虑。很多孩子到了青春期，对自身、异性充满了好奇，他们需要一个正确的渠道了解这些知识。然而绝大部分家长都谈性色变，对这个话题避之不及，也就不知道如何正确地引导孩子了。

这位妈妈遇到的问题也是很多家长遇到过的问题。如何正确地引导孩子了解性知识，抵制不良信息的诱惑，是每位家长都应该关注的焦点。

孩子偷看色情网站现象的出现，由内、外两个因素共同决定。外因和当前高度发达的信息网络有关。平时我们打开一个电脑或手机网页，可能会冒出一些不雅的照片和视频。面对这些五花八门的诱惑，刚刚迈入青春期的孩子抵挡不住也正常。内因则是孩子到了青春期，身体处于快速发育阶段，对性有了懵懂的认识，开始对异性产生强烈的兴趣，这都属于正常现象。但如果这种性驱动力得不到合理的释放，也没有正确的引导，他们就会通过其他方式寻求补偿，色情网站就成了满足他们好奇心的途径。

面对此类情况，我有几点建议和家长朋友分享。

第一，不要直接把话说破，拆穿孩子的行为。人人都有隐私，没有人愿意自己的隐私被曝光。孩子并不希望他的隐私被别人知道，越是亲近的人，越不希望被他们知道。如果家长不顾孩子的自尊心，而且直接说破，即便讲再多的道理，也不会有任何效果，还会让孩子感到羞耻，甚至恼羞成怒。

因此，父母在教育中要学会适当地提点孩子。孩子也知道看这些内容是不好的行为，否则他怎么会偷偷地去看呢？那么父母该怎么提点孩子呢？比如，不经意地给孩子分享一篇关于性教育的文章，给孩子提供一本正确谈性的书，或者陪伴孩子看一部关于性教育的电影，让他明白，要通过正确的方式和途径了解、学习性知识，而色情网站上的信息则是对他的诱导。如果父母适当地提点，孩子就会对父母心怀感激，并且愿意和父母倾诉他们的困惑。

第二，在合适的场合，进行一次男人与男人、女人与女人的对话。关于青春期的话题，我建议爸爸跟儿子谈、妈妈跟女儿谈会比较好。父母可以通过分享自己青春期的故事开启话题，并逐渐建立彼此的信任感。父母要告诉孩子，他在这一阶段对性的好奇是完全正常的，看看图片、视频也无可厚非，但是一定要谨慎克制，既要学会保护自己，也要学会保护别人。父母要表达对孩子的尊重与信任，要相信孩子可以正确地把控自己，懂得什么是正确的、什么是错误的。此外，父母也要告诉孩子，遇到疑难的问题一定要来问爸爸妈妈，爸爸妈妈永远是他坚强的后盾。

有些青春期的孩子可能无法从正确的渠道获得关于性的知识，而是从身边的朋友以及各种不良的渠道获得，因此父母和孩子之间充满信任的沟通对孩子来说非常重要。遇到这个问题的家长也不要过分焦虑，更不要对孩子产生偏见，而要尽早为孩子讲解性知识，加强性教育，从而让孩子健康快乐地成长，平稳地度过青春期。

问题 70　孩子早恋

一位妈妈说，她的女儿 14 岁了，最近特别喜欢打扮自己，甚至脸上长个痘都要照半天镜子。孩子经常和男同学聊天，有时候还心事重重。这位妈妈认为孩子在谈恋爱，她要求孩子一放学就回家，不要和男生过多交往，并且给孩子讲了早恋的危害。

我给这位家长讲了一个故事。

一位老和尚收了一个小和尚做徒弟。师徒两人在山上修行，小和尚从记事起从没下过山。

十年后，老和尚带着小和尚下山了。小和尚一路上见到了很多动物和家禽：牛、马、鸡……小和尚一概不认识。老和尚一一告诉他："这是牛，可以耕田。这是马，可以骑。这是鸡，可以下蛋。"

走着走着，一位少女走了过来。小和尚很惊奇地问老和尚："这又是什么东西？"小和尚刚满 14 岁，老和尚唯恐他动心，便很严肃地告诉他："这个东西叫老虎，靠近她的人，一定会被她咬死吃掉，尸骨无存。"

天黑上山后，老和尚问小和尚："你今天一路上见到了各种东西，心里在想什么呀？"小和尚回答："其他东西都不想，只想那吃人的老虎，心里总觉得舍不得。"

在我们的生活中，很多家长发现孩子有谈恋爱的现象，或者发现孩子谈恋爱，做法就跟这位老和尚一样，把孩子青春期的爱恋看作洪水猛兽，对孩子进行说教，分析利弊，甚至禁止孩子与异性频繁地交往。家长的这些做法反倒让孩子对于异性有了更多的好奇，就如同第一次下山的小和尚一样，那"吃人的老虎"成了他最割舍不断的念想。

关于孩子早恋的问题，我在《这样培养孩子才优秀：家长必修的 12 堂课》一书里已经讲得很清楚了。这里我再次和大家分享一下相关内容。

首先，家长要先了解一下青春期少男少女的心理发育特点，他们对异性从关注到产生好感一共有四个阶段。

第一个阶段是朦胧期。一般女孩在 9~11 岁，男孩在 10~12 岁进入朦胧期。这时候的孩子性器官尚未发育成熟，但是已经确认了自己的性别角色，对性别差异敏感。在这个阶段，男孩和女孩单独在一起的时候会感到拘束、害羞，往往会采取疏远和躲避的态度。

对于处在朦胧期的孩子，异性同学一起结伴远足或者逛几次街，都属于正常的交往，离恋爱还差得远。家长不能草木皆兵，动不动就把孩子和异性的交往说成恋爱，这样孩子反而会被家长不断确认，假戏真做。所以，家长对孩子的行为既不用太紧张，也不用太敏感。

家长要引导孩子正视自己的性别角色，教育孩子在与异性的交往中克服拘束、害羞心理，表现要大方，态度要诚恳。此外，家长要注意与异性孩子保持适当的距离，父亲对女儿、母亲对儿子不要过分亲近。

第二个阶段是爱慕期。这一阶段出现在女孩11~13岁，男孩12~14岁。这一阶段的男孩、女孩互相观察、欣赏的兴趣大大增加。他们会注意异性的谈话、表情、动作，开始注意自己的服饰、举止，想给异性留下好的印象。对于异性之间的接触，他们往往会不自觉地浮想联翩，并觉得和异性相处很有意思。在这一阶段，他们的好感是泛泛的，并没有具体的对象。

对于处在这一阶段的孩子，家长要教育孩子尊重异性、尊重自我，引导孩子注意自身的仪表和举止，要求孩子多关心班集体。由于这个年龄段的孩子的性机能渐渐成熟，家长还要配合学校对孩子进行科学的性教育，认认真真、大大方方给孩子讲解和性有关的知识，教导孩子正确对待身体发育，避免孩子因无知对性产生盲目的紧张和好奇。

第三个阶段是初恋期。这一阶段出现在女孩13~15岁，男孩14~16岁。在这一阶段，孩子的性器官已经发育成熟，对性的关注明显增加。他们会在年龄相近的异性中发现自己较喜爱的对象，并给予特别的注意和关心，甚至寄予特别的期待。在感情上，他们希望和异性多接触、多交往，而理智上却有种种顾虑。在这一阶段，孩子会更加在意自己的外貌，热衷于打扮。

而对于这一阶段的孩子，家长要教育引导孩子多参加群体活动，减少孩子和异性同学单独接触的机会，尤其不要让孩子跟某一个异性同学有过多的单独接触，以免孩子萌发恋情，影响学业和全面发展。

第四个阶段是钟情期。钟情就是很专一地倾慕、爱恋某个异性。这个阶段基本出现在孩子的高中阶段，男孩可能比女孩晚一些。此时的男孩、女孩一旦倾心相爱，往往会不顾一切，甚至达到痴情的地步。一旦恋情受挫，孩子就会意志消沉，对什么都不感兴趣，严重者可能会走上放纵自己的道路，甚至轻生。

面对这个阶段的孩子，家长应该如何进行引导？如果孩子真的恋爱了，家长应该怎么做？

当家长知道孩子谈恋爱后，除了害怕孩子因此耽误学业之外，还怕他们做出不该做的事情，受到伤害。因此，大多数家长往往会有过激的行为，比如打骂、强制分开等。家长这样做很容易让孩子在逆反心理的作用下，为了维护自己的尊严，证明自己已经独立，真的陷入恋爱，荒废学业，甚至过早地发生性行为。

我给家长几点建议，供大家参考。

第一，家长要关爱孩子，营造和谐的家庭氛围。一般缺爱的孩子是极容易早恋的，他们生活在父亲或者母亲缺位的家庭，父母没有给他们足够的陪伴和关爱。

面对缺爱的孩子，家长要做的就是给孩子多些包容、信任、耐心和关爱，这样，当他们在感情上遇到挫折的时候，他们就会第一时间选择投入家人温暖的怀抱。毕竟，在这个世界上亲情是最有力量的。

第二，当孩子已经进入恋爱的状态，家长也不要急于反对，而要和孩子主动沟通，多去了解孩子的想法。如果没有影响孩子的学习，反而促进孩子的成长，那么家长也无须一味地苛责孩子，注意正确引导即可；如果影响了孩子的学习，就需要共同找解决的办法。沟通的时候要注意，不能责骂甚至是羞辱孩子。我曾经听到过家长这样训斥孩子："你这么小就谈恋爱，你怎么这么不害臊，这么没有羞耻心。"听到这样的话，孩子会觉得自己做了见不得人的事，还怎么和家长沟通呢？

家长要站在孩子的角度与他们沟通。可以尝试告诉孩子：你正处在情窦初开的年纪，对异性产生好感是很正常的事情，这种感情也是纯洁的。家长的理解能够让孩子打开心门，只有这样才有继续沟通的可能。在沟通的过程中，孩子可能会聊起对方的优点好处，家长一定要表示肯定和赞扬，同时引导孩子，比如："对方那么优秀，你也要努力才行呀。"

在和孩子沟通时，很多家长听孩子谈爱情，觉得孩子年纪还小，不懂得爱情。其实正是因为他们不懂得，家长才要和他们聊聊，聊聊家长自己的爱情，聊聊孩子的想法。

如果家长不告诉孩子什么是爱、怎么表达爱，孩子就可能从家长不知道的渠道去了解了，这是家长更不愿意看到的。家长用自己的经历作为例子，告诉孩子爱是什么：爱是男女双方因为彼此爱慕，组建了家庭，有了孩子这个爱的结晶，彼此相互珍惜、鼓励、奋斗。而孩子们嘴上说着"我爱你"，然后一起逃课、不学习，这种不负责任的行为并不是爱。

同时，家长要帮助孩子树立正确的爱情观。恋爱的前提是自尊自爱，而不是一味地迎合对方；要有自己的原则和底线；先爱自己，才能爱别人。另外，一定要对孩子进行安全教育，男孩不能因为一时冲动伤害女孩，女孩也要爱惜自己，珍惜自己的名誉。

还有一点非常重要。我一直和家长们强调早恋不要堵，最主要的原因就是家长一旦反对，棒打鸳鸯，孩子们可能会谈地下恋爱，这样会发生什么是不可控制的。所以最好的状态是家长看着孩子们相处。但是看着不等于你可以去查看孩子的照片、日记、聊天记录，窥探孩子的隐私。

> 我有一位朋友，他的儿子喜欢上了班里的女"学霸"。他发现后，知道很难阻挡儿子的感情，便选择了接受。于是他邀请女生到家里吃饭、写作业，出去看电影，大大方方地对待女孩。但是他也和儿子说："你要配得上人家，要好好学习，不能太晚回家，更不能伤害她。"儿子因为受到女孩的影响，成绩也慢慢上来了。

早恋并不可怕，关键要看家长怎么对待，怎么引导。与其让孩子在家长看不到的地方恋爱，不如尝试接受，大大方方看着他们相处。既不草木皆兵，也能及时了解孩子的动态，适时引导。

当然，学生时代最重要的还是学习。父母还是要多和孩子讨论梦想和未来，让孩子多把心思放在追求自我上。可以多带孩子出去旅游，见见世面；参加兴趣活动，培养多种爱好。总之，让孩子的眼睛不盯在某个人或某件事上。父母要多做少说，不要每天耳提面命地和孩子说："早恋不好！好好学习！"这样孩子即便知道不该早恋，也会因找不到解决办法而深陷其中。

我相信青春是一堂父母和孩子都要学习的课程。如何用心和爱去面对孩子早恋，也是为人父母者的必修课。

问题 71　孩子经常没有界限地帮助别人

一位家长一直在关注"江歌案"。江歌一直在帮助自己的室友摆脱凶手的纠缠，结果却惨遭杀害。随着案件逐渐还原，被保护室友的一系列表现也让好多人感到心寒。因此，这件事也让很多人产生了质疑：要不要帮助别人？

这位家长联想到，自己应该怎么向孩子讲述这个案件？帮助他人是否要有界限呢？很多家长都有类似的担忧和顾虑。他们希望自己的孩子拥有助人为乐的品质，希望孩子可以帮助他人，但是又担心孩子会吃亏。家长的这份担心源自何处？它往往来自成人对成人世界里的欺诈行为的担忧。

孩子到底怎样帮助他人？孩子帮助他人需要做到哪种程度？我们怎么有效地帮助孩子确定帮助他人的界限？

第一，家长要提醒孩子要有鉴别能力，能确定自己的助人行为既能帮助别人，也能保护自己。

什么叫保护自己？首先，要做力所能及的事，而不是超出能力范畴的事。比如，有一个孩子落水了，周围的人是不是都要跳下去救呢？要先反思，我会游泳吗？我跳下去真的能救他吗？如果不具备救人的能力，不如向附近的人寻求帮助。因此，具备一定的鉴别能力，对自己的能力有清晰的认识是十分重要的。

第二，家长要让孩子知道，助人要有分寸，要在了解他人需求的前提下帮助他人，能够做到尊重他人。

> 在一场体育赛事中，有一位残疾运动员自己推轮椅，旁边的志愿者帮他拿拐杖。我女儿看到了，就问我，旁边的志愿者姐姐为什么不帮他推轮椅呢？
>
> 我是这样回答她的：那个自己可以推轮椅的小哥哥有能力照顾自己，他不愿意总是被别人照顾。这个时候，我们尊重他能够照顾自己的能力，其实就是在帮助他。

你会发现每个人对帮助、助人为乐的感受和需求是不同的，我们要用别人能够接受、愿意接受的方式去助人。

讲到这里，我想起了我们的"艺博少年"。很多"艺博少年"的家长都经常带孩子参加艺博的各种公益活动，在这种成长环境下，这些孩子都很有爱心。他们可以去帮助辍学的孩子，只为了让他能重拾信心，回到学校；他们也会把在艺博学来的正确的学习方法分享给全班同学；也有的孩子会带着全班同学去养老院敬老；还有的孩子会参与艺博圆满假期计划，给留守儿童带去温暖……这些孩子都在践行助人活动，用自己的力量帮助他人。

当然，他们在助人中也会遇到困惑。比如，他们会帮助抑郁的孩子重拾对世界的信心，但是也会因为自己能力不足而受到情绪影响，来向我寻求帮助。我会告诉他们界限在哪里，他们就会努力地调整自己，再去帮助别人。

每个孩子都是生而良善、富有潜力的，我们不能因为孩子暂时没有足够的能力帮助他人，就打击孩子帮助他人的积极性和热情。要知道，我们每一次帮助他人，都可能会传递温暖和快乐。比如，我们对他人微笑，对方就会觉得温暖；我们顺手帮人按一下电梯按钮，下次他可能也会帮助别人按按钮，把爱心传递下去……作为家长，我们要多去做帮助他人的事，和孩子讲助人为乐的故事，让孩子在日常生活中多多探索，告诉孩子助人的界限，倾听他们的想法或感受，让孩子在助人中成就自己，拥有善良的心。

问题 72　孩子过度追星

有位家长留言，说他女儿上初中了，不专注于学习，特别喜欢追星，一聊关于偶像的话题就很兴奋。她在家里贴了许多偶像的海报，每逢周末还会参加粉丝活动，制作海报、做宣传片，为偶像拉票，并且想出国观看偶像的演唱会。孩子的学习成绩下降，家长很是焦虑。因此有些家长认为，孩子不应该追星。

每个年龄段的人都有自己喜欢的偶像、明星，孩子有自己喜欢、崇拜的偶像是一件很正常的事情。只不过，追星这件事，对处于性格形成期这一阶段的孩子来说，会表现得更加强烈。

偶像就是一面镜子，在一定程度上展现了孩子想成为的样子。这一阶段的孩子需要解决自我身份认同危机，这就使得他们在努力寻找答案："我是谁""我想要成为谁""我在这个群体里处于什么样的位置"。如果这个时候出现了一个他们心目中的榜样，孩子很容易就会通过榜样来认识和了解自己，去塑造一个理想中的自己。这是一件美好的事情，也是一件很正常的事情。

然而为什么有些孩子会出现过度追星的情况？最主要的原因是孩子在现实生活中没有找到价值感和认同感，没有办法在群体中找到自己的位置，引起别人足够的关注。

正如这位家长描述的那样，他的孩子经常参加线下粉丝活动，帮忙策划活动，做宣传片和海报，还负责拉票。孩子在参与活动的过程中，能够胜任许多工作，她就有了价值感；她和这些粉丝偶像相同，想法一致，审美一致，价值观趋同，彼此间就形成了认同感。

与其说孩子迷恋追星，不如说他更喜欢自己在追星群体中的位置和感觉。

一个孩子跟我聊他的追星史。这个孩子曾经和某明星合过影，曾经在机场等到一位当红偶像并拥抱过他，也曾追过另一位明星的电影，并且看了20遍。他花了很多时间和精力追星，成了粉丝团的金牌粉丝，被很多粉丝羡慕。然而他的老师和家长都不能理解他的举动，都批评过他。更糟糕的是，过度追星让他的生活变得一塌糊涂。

我对他说，他最享受的应该不是见到明星的那一刻，而是回去炫耀见到明星后的举动，是可以在粉丝团里有特殊的地位，这种感觉是他在现实生活中找不到的。他同意我的说法。

孩子过度追星，最根本的原因是孩子在形成价值感、自尊心、自信心的过程中出了问题，和父母、他人的关系出现了问题。我们要从根源上解决问题，而不是一味地制止，否则只会让事情变得越来越糟。

家长可以在现实生活中寻找让孩子丧失自我价值的根本原因：是不是自己从来没有肯定过孩子？是不是孩子在学习上没有得到成就感？是不是孩子的需求不被我们理解和接纳，却在粉丝团找到了安慰？究竟孩子有什么样的心理需求没有得到满足，却投射在他的偶像身上，导致他迷恋难以自拔？

首先，家长要找到孩子追星最本质的原因，然后接纳、理解孩子的行为。家长也可以去了解孩子的偶像，了解一下孩子喜欢这些偶像的原因，和孩子建立共同的话题。这样做会减少家长对孩子追星的焦虑，同时增强家长引导事情走向的能力，而追星也就不再是造成亲子关系紧张的根源。

其次，家长要多认同、鼓励孩子，让孩子在现实生活中逐渐找到价值感，找到自信，让孩子逐渐转移注意力，回归生活。至于家长如何具体操作，我在《觉醒父母：教育子女的 8 大智慧》一书中讲得清清楚楚。这是帮助孩子重塑生命价值的方法，我建议每位家长都要掌握，尤其是对于孩子处在性格形成期的家长来说，这个方法十分重要。

通过以上分析，我相信各位家长就不会在孩子追星这件事情上产生焦虑，甚至恐惧了。追星只是一个表象，本质上是青春期孩子的自我价值感出现了缺失。所以帮助孩子建立自尊、自信、自我价值具有重要意义。

问题 73　孩子对做任何事情都没有想法

一位家长向我咨询。他的孩子刚上初一，对学习没有兴趣，对任何事情都没有想法。比如，家长带他去读书会，他说"随便"；家长给他报兴趣班，他也拿不定主意。他很少和家长沟通，即使有沟通，家长也问不出什么内容。家长认为孩子的这种态度就是没有主见的表现。孩子对做任何事情都没有想法，家长要怎么做？

如果孩子对做任何事情都没有想法，对家长安排的事情都不会表达拒绝或者赞成，回答一般都是"还行吧""随便吧""都可以"之类的答案，其实是在向家长传递一个信号：孩子对自己的生活没有掌控感。

什么是掌控感呢？比如，驾驶员一般很少晕车，乘客晕车的概率会比较大，而乘客一旦开车也很少晕车，这是什么原因呢？比起坐车，开车需要很强的掌控感。驾驶员手握方向盘，集中注意力，需要知道自己什么时候加速、什么时候拐弯、什么时候到达服务区、什么时候进入目的地——他们对自己有很强的掌控感。

又如，大家在一个群体里各抒己见，半天都插不上话的人可能觉得这种群体活动很无聊，会发牢骚，甚至下次不想参加此群体的活动。原因是：他在这个群体里没有掌控感，被他人的节奏牵制；别人也听不到他的声音和观点，他无法在这个群体里把握自己的节奏。

当一个人能够掌控自己的人生时，他就能感受到更多乐趣和自由；当一个人发现自己是人生的主宰者和责任者时，他就会郑重对待生活里的每一个决定，即使是微小的决定也不会敷衍，他开始对自己人生中的每一个细节发表意见，掌握自己人生的方向盘。

这也就能解释为什么有些孩子不喜欢学习了。不少孩子在学习上缺乏掌控感：他们无法决定上课的时间和休闲的时间，因为家长和老师都安排好了；他们也无法决定回家后是先写作业还是先休息，或者是周末能否去看电影、打游戏——父母认为成绩比较重要，要抓紧一切时间学习，不希望他们有任何浪费时间的行为，以至于将他们所有的时间都安排得满满当当。

我们回过头来看这位家长提出的问题：为什么孩子对做任何事情都没有想法？这和父母的行为有很大的关系。父母经常为孩子做安排，替孩子做决定，却很少认真聆听孩子的意见和内心的想法，这样做会让孩子感受到自己的意见是不重要的。至于孩子为什么和父母很少沟通，是因为父母的处处安排和包办，破坏了父母和孩子之间最基本的信任。

一般情况下，没有掌控感的孩子会有两种表现。

第一种表现：孩子和家长对着干。家长越让干什么，孩子就越不干什么，家长越让做什么，孩子就越不做什么，以此来展现对自己的掌控感。

第二种表现：孩子对所有东西都提不起兴趣。比如，家长让孩子去上兴趣班，孩子去也可以，不去也可以，看上去好像对什么都没有兴趣。

案例中的孩子的表现就符合第二种表现。孩子如果没有掌控感，就不太容易做好事情。有这样问题的家长本质上也不够信任和尊重孩子，没有考虑到孩子作为独立的人，也有自己的自主选择权；没有尊重孩子作为一个个体，应该自己去尝试选择坚持或者放弃。

如何才能让孩子有掌控感？家长可以测评自己的家庭类型，并且做一套"你是合格的家长吗40问"问卷，分析究竟是哪些原因导致孩子对自己的生活失去了掌控感。

问题 74　孩子和学习成绩差的孩子交往

有一次我去学校讲公开课，课前我无意中听到了几位家长聊天。其中一位"学霸"家长的话令我大为吃惊。他说，他只让自己的孩子和学习好的孩子玩儿，学习差的孩子都有坏毛病。其他家长纷纷点头称是。

古语有云，"近朱者赤，近墨者黑"。孩子确实会受环境影响，交友不慎也有可能毁了孩子一生。家长有意识地去净化孩子的交友环境，这本身是没有问题的。但是，"差生"该如何界定？难道只凭孩子的学习成绩不好就将其界定为"差生"吗？这是否有失公允？如果随便给孩子设定交友标准，会不会给孩子的交友观造成不好的影响呢？

我给各位家长分享一个参考的标准——有德有才的孩子要常常交往，有德无才的孩子放心交往，有才无德的孩子谨慎交往，无才无德的孩子敬而远之。

有德有才的孩子常常交往。这一点我无须多言，家长本身就会这样去做，这样做对孩子有百利而无一害。

有德无才的孩子放心交往。家长都不喜欢自己家的孩子和差生玩，这个差究竟是指的哪方面差呢？是学习成绩差，还是品德差？如果仅仅是学习成绩差，就要求孩子远离他，这会让孩子用成绩划分朋友的等级，带有功利心去交友，这样孩子很难获得真正的友情。不仅如此，这种做法也会造成孩子畸形的价值观和交友观，对孩子的一生都会有不好的影响。成绩差但是品德好的孩子，我们完全可以放心让孩子与之交往，孩子在交往的过程中可以跟对方互相帮助，而在相互支持、相互帮助的过程中收获的友谊，也是最健康、最稳固的。

有才无德的孩子谨慎交往。"择其善者而从之，其不善者而改之"，家长可以让孩子学习对方的优点，但是当对方做了品行不端的事情的时候，家长正好可以趁这个机会给孩子进行价值观教育，告诉孩子做人的品行和操守，并在这个过程中让孩子懂得明辨是非。

无德无才的孩子敬而远之。其实没有绝对无德无才的孩子，每个孩子在成长的过程中都会随着环境的变化而发生改变，孩子当前的行为只是短暂的环境影响造成的结果。如果家长的教育观念发生了正向的变化，孩子也会转变成有德有才的孩子。所谓的"敬而远之"，并不是让孩子不帮助他们，而是要讲策略。孩子还没有形成正确的价值观，在帮助他人的过程中可能也会受到对方的影响。家长可以和孩子说清楚，这个问题也需要对方家庭的努力，如果孩子想帮助对方的话，其家长的直接帮助可能会更有效果。

我再补充一个孩子在青春期交友常常让家长头痛的问题。

孩子进入青春期后，往往会形成小团体，有的孩子总是和几个固定的同伴一起打游戏，甚至抽烟、喝酒等，这些行为让家长头疼。这个时候，家长特别想干涉孩子的交友，怕孩子被带坏，但是这种好心往往会换来和孩子反目成仇的结果。

家长不妨想想，孩子为什么会离不开这些朋友和他的小团体。最主要的原因是孩子在其中找到了认同感和归属感。孩子可能在学习上没有找到动力，但是在这种小团体中，大家的爱好、所做的事情趋向一致，所以就会彼此之间存在认可、理解和需要。

家长想贸然阻止孩子之间的交往是很难的，因为人际交往是青春期孩子一个很大的心理需求，有时候朋友对孩子的影响比家长的影响还要大。家长突然闯入孩子的交友圈，随意评判他的朋友，只会让孩子认为家长不认同他的价值观，不理解他。家长可以对孩子进行引导和教育，引导的前提一定是和孩子之间建立彼此信任的关系，让他知道父母理解他、关心他、认同他，只是希望他更好一些，给他一些过来人的建议。只有这样，家长的引导才会起到很好的效果。

问题 75　孩子沉迷于游戏

2017 年，世界卫生组织建议将"游戏障碍"纳入成瘾行为，并在 2018 年将其纳入《国际疾病分类》第 11 版预先预览版，同时对"游戏障碍"下了定义。2019 年，世界卫生组织通过该预览版，正式将"游戏障碍"列入精神疾病范畴。

这种疾病主要有如下特点：当事人经常对游戏失去控制；当事人选择做任何活动都会以游戏优先；当别人有强行停止的行为时，当事人会出现情绪失控、行为失控、精神萎靡等症状；等等。

前几年有一位父亲发文称，他努力了10年，却没办法让孩子从虚拟的游戏回到现实中。这位父亲表示，很多父母也遇到了和他一样的无奈，也沉浸在痛楚和不安之中。他最后呼吁网络游戏商给沉迷于游戏的孩子的父母提供一个切实有效的办法。

文章发出之后，引起了不少网友的讨论，许多家长、游戏开发商也参与到讨论中。其中，一个游戏设计者的回复令人深思：

作为一名从业多年的资深游戏策划，我不得不告诉您一个现实：商业化的网络游戏，无一不是为让玩家沉迷所设计的。为了让玩家沉迷，我们做的功课比各位父母要深入得多，这根本不是一个维度的对抗，所以无奈是大多数父母的感受。

我们非常清楚您的儿子想要什么、喜欢什么，以及他愿意付出什么。百万玩家的数据和调研在我们的数据平台上随时可查，我们游戏的每一次改动都和数据有关。我相信我比您更了解您儿子的喜好。

游戏策划是我的工作，作为一个家长，我儿子也读小学了，他却没有对游戏成瘾。说句不好听的，引导玩家和

> 教育儿子没有本质的区别，只是我的游戏引导经验比您更丰富，教育孩子的方法比您更科学。

一个游戏策划说引导玩家和教育孩子没有本质的区别，游戏策划比家长更了解孩子的心理，因此他们设计出来的游戏也就更能抓住孩子的心。那么，孩子沉迷于游戏，真的是游戏的问题吗？我和很多喜欢玩游戏的孩子有过交流，也了解了他们喜欢打游戏的原因。我发现，被家长视为洪水猛兽的游戏，可以教会家长很多育儿经验。

我总结了三点经验，供各位家长参考。

第一，游戏会给每个孩子设定英雄的角色，给他们制定宏大的目标。比如，喜欢玩英雄联盟的孩子对我说，他们喜欢玩英雄联盟主要原因是进入游戏之后会有一个英雄的身份，这能激发他们的斗志，享受自己在危难之际充当英雄的感觉。再加上团队作战的方式，会展现团体的智慧，增强自己和朋友的友谊。

可能很多家长会说"这些都是虚拟的，都是假的"。是的，游戏里的角色、场景等设定都是虚拟的，然而孩子在游戏里获得的成就感是真实的。

许多孩子喜欢玩游戏，正是喜欢游戏带给他们的成就感。比如，许多游戏都会给玩家设定一个宏大的目标，如保护部落、拯救地球、拯救百姓，孩子们在完成这些目标时会有成就感。反观许多家长，他们在孩子成长的过程中，经常指责、批评或者要求孩子，给孩子很多负面的评价，给孩子贴很多负面的标签。游戏却从来不怀疑孩子，只要孩子开始选择玩这个游戏，自始至终都有一个英雄的身份，绝对不会因为在某一局中失利就被换成比较差的身份。

第二，游戏会为角色制定清晰明确的规则，告诉孩子哪些能做、哪些不能做，这样孩子就不会偏离设定的目标。反观现实生活，孩子向楼下扔东西砸到行人，在安静的高铁车厢里大声喧哗、追逐打闹，打骂老人……这些行为跟家长漠视规则是分不开的。重视规则、建立规则是家长要向游戏学的。

第三，游戏会给予及时反馈。每一款游戏里都会设计非常多的细节目标，让玩家按部就班地达成，每完成一个目标，系统就会给玩家一个及时的奖励，吸引玩家继续玩。如果没有及时反馈和奖励，玩家会很容易离开游戏。

家长可以回想一下自己在给孩子建立学习习惯的时候是怎么做的。有没有及时表扬，及时鼓励，及时反馈？

游戏并不是影响孩子学习、生活的根本原因。即使没有游戏，孩子有可能也会沉迷于电视剧、网络小说等，只要孩子觉得这些比读书有意思，他们就会选择这些，并沉溺其中。当家长认为游戏可以毁掉一代孩子的时候，家长应该思考自己是否有哪些地方做得不够，才让游戏抢占了孩子的时间和精力，影响了孩子的生活和学习。解决孩子沉迷于游戏的问题，要靠家长的付出和努力。

问题 76 孩子玩手机、上网成瘾

每到假期，家长就要和"手机迷""网络控"的孩子斗智斗勇。面对沉迷于手机和网络的孩子，家长既生气又无奈。

孩子沉迷于手机、网络是世界性问题，对此，有的国家采取了法律层面的措施。2018年，法国国民议会表决通过关于禁止幼儿园、小学和初中学生在校园内使用手机的法案。新法案还规定禁止使用包括平板电脑和智能手表在内的所有可联网的通信设备。

然而问题真的出在手机上吗？如果是手机的问题，面对新冠肺炎疫情，孩子们不得不通过上网课的方式进行学习，为什么有的孩子可以用手机上网查资料，认真学习网课，而有的孩子只会用手机打游戏、看电视剧呢？

孩子沉迷于手机、网络的原因，大致分为以下几种。

第一，和现实生活相比，孩子更容易在网络世界中获得成就感。孩子从早到晚都在上学，休息时间也用来写作业，他们获得成就感的方式之一就是在考试中取得好成绩。但是，通过这种方式获得的成就感是难以持久的——成绩上去了，孩子就会开心一段时间；成绩下降了，孩子会受到打击，产生心理落差。而在网络游戏里，一局游戏的胜利就能让孩子获得同样的成就感，即使失败了，还可以重新开局，再来一次。这会逐渐让人沉迷其中，不可自拔。

至于孩子为什么在学习上没有上瘾，这和家长的一些做法有密切的关系。比如，家长在孩子进步时，会告诉孩子不要骄傲，继续努力；在成绩下降时，会批评孩子；孩子已经做完作业了，还要让孩子做其他卷子……孩子在学习上找不到成就感，得到的只有疲惫，他才会愿意在游戏上花时间。

第二，手机满足了孩子的社交需求。中国青少年研究中心调查显示，容易沉迷于网络的孩子往往出自亲子关系不够好的家庭。尽管家长每天都和孩子交流，但是他们交流的内容仅限于学习，除了学习很难找出第二个话题。而在网络上，没有人在乎孩子的学习，也没有人在乎孩子的成绩，孩子可以按照自己的爱好畅所欲言。网络认同与现实中父母的不理解形成了强烈的反差，因此孩子沉迷于网络。当家长们抱怨孩子玩手机成瘾时，有没有想过自己的原因：自己是否陪伴孩子、理解孩子？自己对孩子的关心是否存在偏差？对孩子的教育方式是否存在问题？家长与其在是否给孩子配手机或没收手机等问题上面纠结，不如多关心孩子是否快乐、是否幸福，这样才能给孩子带来真实的满足感和幸福感。

第三，孩子的心理需求不被满足。面对孩子的需求，大部分家长只会一味禁止，而不是正确引导。只会堵，不会疏，时间一长，就容易出现问题。

> 一个朋友对我说起过他和孩子的一段经历。他工作很忙，很少陪孩子。过了一段时间，他不再忙碌时，却发现孩子已经沉迷于网络。他为了帮助孩子戒掉网瘾，利用孩子放暑假的机会，给孩子报了乒乓球班。他每周还会对孩子说："我得看看你学到什么程度了，我来跟你打一局。"孩子也开始重视和父亲的比赛，于是加紧练习，并逐渐摆脱网络，乒乓球也打得很好。

这就是聪明的父亲，既让孩子发现新的兴趣，又主动陪伴孩子，进行良好的亲子交流。家长如果不想让孩子沉迷于手机，办法之一就是培养孩子良好的兴趣。我们常说兴趣是最好的老师，如果一个人兴趣多样，生活多样，他就不会沉迷于手机和网络。家长应该培养孩子多种兴趣爱好，让他看到多元化的生活方式，看到现实生活中的各种乐趣和美好，这样，孩子就不会沉迷于虚拟世界，他的眼界也会更加开阔。

问题 77　孩子吸烟

不少家长问，孩子吸烟怎么办？

家长第一次发现孩子吸烟的时候，一般会表现得很震惊、愤怒或者焦虑。这时，家长怎样劝说孩子可能都不会起到良好的效果，打骂孩子就更没有用了。孩子做任何一件事都有其背后的心理动机。家长必须先弄清孩子吸烟的原因。青少年常见的吸烟原因有以下几个。

第一个原因是追求刺激。孩子进入青春期，可能会感觉生活中大部分事情比较乏味、单调，于是喜欢做一些新鲜的、刺激的、冒险的、标新立异的事情。他们认为吸烟很刺激、很潇洒。在这种心理的驱使下，他们不仅学着吸烟，还会追求香烟的档次，相互攀比。

第二个原因是盲目模仿。刚刚步入青春期的孩子，自我意识开始觉醒，这种强烈的独立意识让他们觉得自己不再是小孩子，已经是成人了。他们会把吸烟当成成熟的标志，开始模仿成年人吸烟。

第三个原因是家人影响。如果家里人有吸烟，孩子每天耳濡目染，也很容易吸烟。

第四个原因是媒体渲染。比如，孩子在看一些电影或者小视频时，发现里面的人物借烟消愁，还有些孩子觉得一群人一边吸烟一边玩是非常酷的事情。这正是有些家长担心的——他们认为，孩子聚在一起吸烟时，讨论的大多是带有负面情绪的事情，再加上青春期的孩子容易冲动，可能会做出一些违法违纪的事情。

第五个原因是同伴影响。孩子在学校受同伴影响比较大。如果孩子身边有吸烟的同学，孩子吸烟的概率会大大增加，一部分孩子甚至把吸烟变成了一种社交方式。

成为吸烟者后，这些孩子会选择吸烟的时刻和方式，一般男孩会在内心焦虑紧张、烦闷压抑、迷茫孤独、悲伤无助的时候增加吸烟量，而女孩吸烟更多的是想表现自己的自立和新潮。当这些青春期的心理因素和生物机制有机结合起来的时候，孩子就会不停地吸烟，形成习惯，并且上瘾。

家长要想让孩子戒烟，至少要做两件事。

第一，要和孩子建立良好的亲子关系，要和孩子沟通，了解孩子究竟出现了哪些心理和情绪上的问题，在第一时间帮助孩子排解，避免孩子为缓解负面情绪而选择吸烟。

家长一定要和孩子进行及时、有效的沟通，询问孩子吸烟的原因。比如，是不是觉得吸烟很酷，是不是周围的小伙伴也在吸烟，是不是觉得自己吸烟就是大人了，等等。如果是因为同伴群体而吸烟的话，家长能不能帮助孩子，引导孩子认识和结交一些更优秀更健康的朋友？如果是孩子觉得吸烟没什么危害，家长就跟孩子聊聊青少年时期吸烟对身体、智力等发育问题的影响。

第二，家长要以身作则。如果家长吸烟，在孩子面前要做到不吸烟。家长也可以通过宣传片或者医生之口，向孩子具体地讲解吸烟的危害。

总之，家长尽量不要去责骂孩子，也不要给孩子贴上"吸烟就是坏孩子"的标签。要让孩子觉得吸烟是一件不利于健康的事情，爸爸妈妈并不是在批评他，而是在关心他。

当孩子觉得自己的行为被父母接纳、包容、关心时，他的内心就是安全的。这时，孩子也容易去纠正自己的行为。反之，孩子就会和家长对着干，把家长当成敌人，这样会导致关系的僵化。

孩子吸烟只是一个表象，本质上是青春期孩子需要关心，需要鼓励，当家长期待孩子改变时，家长要表达对他的信任和关心，这样孩子才能往良性的方面发展。

问题 78　孩子因为打架被学校退学

一位妈妈说，她的孩子在学校总是违反校规，被老师批评后，竟然顶撞老师，并发生冲突，最后被学校退学。

这位妈妈还表示，孩子前几次在学校打架，都是她到学校向被打的孩子、老师及校长道歉，并恳求再给孩子一次机会。孩子的爸爸忙于工作，很少管孩子，即使知道孩子和别人打架，也只是用棍棒教育孩子。因此，她想给孩子换个环境，想把他送到国外去，让他好好学习。她还向我询问是否有安置孩子的途径。

这个求助让我很是吃惊——孩子的妈妈不是想着解决孩子行为和品质的问题，而是想着怎么给孩子善后。每一个出现问题的孩子的背后都有一对不称职的父母。孩子的退学看似是由打架造成的，其实包含着家庭教育的缺失——一个是溺爱孩子的妈妈，一个是只会棍棒教育的爸爸。

我相信，没有孩子不想成为好孩子。然而，不称职的父母、缺位的家庭教育，让一些孩子走上了相反的道路，导致孩子用自己的未来报复这个未尽到责任的家庭。

> 我曾经关注过几期《变形记》节目，里面那些桀骜不驯的孩子，总是让人哀其不幸、怒其不争。他们吸烟、泡吧、逃学、打架……父母一旦责骂他们，他们要么言语冲撞，要么对父母拳脚相向。每当这些孩子的父母回忆起孩子小时候时，他们几乎都会说，自己的孩子曾经也是很讨人喜爱的，学习也很好，可是不知从什么时候开始，他就

像完全变了个人，很陌生，甚至很可怕。

从节目中我们可以看出，这些孩子变得极端，他们的父母负有不可推卸的责任。这些孩子的父母或是忙于生意，或是感情破裂等原因，没有时间管教孩子，孩子没有得到应有的教育和爱，跟父母的关系变得疏远，跟社会的正常轨道也就渐行渐远了。有的孩子在谈起父母时，也会满是委屈和怨愤地说："谁让他们以前不管我？现在我做什么他们也管不着。"

通过节目的安排，孩子们重新感受到了家庭的温暖，感受到了家庭的正能量，也唤醒了自己心中的善意。这也进一步证明了，孩子的本性并不是坏的，只是家庭教育的缺位，让他们没有得以健康成长。

各位家长，请不要让缺位的家庭教育毁了孩子。

首先，家长要给孩子充分的陪伴和关爱。在孩子的教育上，家长一定不能偷懒。再忙也要留出时间来陪伴孩子，要给孩子及时的关爱。孩子的成长只有一次，错过了就无法重来。

其次，家长不要太溺爱孩子，要给孩子有原则的爱。当孩子犯错时，家长不要包庇孩子，不要千方百计让孩子免于责罚。家长现在不忍心教育孩子，或许以后会有别人替你教育孩子。张扬、放任不应该成为孩子恣意妄为的理由。家长要让孩子明白，做人做事需要有分寸和底线，他必须对自己的行为负责。"父母之爱子，则为之计深远。"溺爱孩子会害了孩子。

最后，家长一定要多学习家庭教育知识。家长和孩子都是需要在不断地学习中省悟和成长的，孩子就像是一张白纸，家长就像一支画笔，握着孩子的手，与孩子一起绘制着美丽的图画。

家长学会用正确的家庭教育方法引导和教育孩子，会收获孩子的美好人生。只有父母不缺席，家庭教育不缺位，孩子的人生蓝图才能更加绚丽多彩。愿每一个孩子都能得到父母的呵护，都能在健全的家庭教育下，沐浴阳光，茁壮成长。

问题 79　孩子喜欢打扮

不少孩子到了青春期喜欢打扮自己。很多家长遇到这种情况会有些担心，害怕孩子模仿成年人谈恋爱；也有的家长不能接受孩子的奇装异服，或者烫头发、染头发、化妆等。

面对这类问题，家长们大可不必担心。

孩子爱打扮的主要原因有两种。

第一种原因，这和孩子进入青春期有密切的关系。孩子进入青春期后，由于发育及性意识的觉醒，会关注自己的外表，比如，通过运动让自己变得苗条，通过化妆让自己变得好看，甚至有些孩子想通过矫正牙齿和整容改变自己的外表。

家长一定要明白，喜欢打扮是孩子成长的必经阶段。这不仅是性意识觉醒决定的，也和脑神经的发展有关。处在青春期的孩子，身体生长迅速，并开始发育成熟。大脑也在不断发育，并且发生变化，孩子对事物有了新的理解和表达，也往往开始关注外表。

第二种原因，孩子希望通过打扮自己吸引他人的注意力，获得认同感。孩子在逐渐社会化的阶段里会出现模仿身边人或者喜欢的明星的行为。这一行为从本质上来讲，是在模仿别人的过程中寻找自己，希望获得外在的认同。

随着年龄逐渐增大，孩子开始关注外界对自己的评价，渴望得到他人的肯定。比如，孩子的学习成绩、口才较为普通，他们又想让自己被别人关注，就会从外形上着手。

孩子在希望展现自己的年龄阶段里，出现注重打扮等标新立异的情况，是一件很正常的事情。家长过分地干预或者满足孩子的所有需求都是不合适的。

首先，家长要放稳心态，接受孩子开始注重外表这个事实，才能够更加客观地看待问题、处理问题。家长也不要随意批评孩子的相貌。这一时期的孩子相当敏感，家长不恰当的评价会打击他们的自信心，导致自卑等问题的出现。

其次，家长要关心孩子，理解孩子。这一时期的孩子会变得情绪多变，脾气暴躁，家长不要过度或随意地指责孩子，可以用温暖或者幽默的语言开导孩子，帮助孩子解决在生活或者学习中遇到的困难，让孩子健康快乐地成长。

再次，家长要杜绝"打破砂锅问到底"的念头，不要对孩子的一些隐私问题刨根问底，给孩子留出一定的隐私和自我空间。

最后，家长要正确引导孩子，帮助他们形成正确的审美观念。同时，家长要告诉孩子不要让爱美之心变成取悦他人的手段，从而逐渐失去自我。

家长要明白自己对孩子的每一次肯定、每一份赞赏，都是在给孩子注入一份力量，这会增强孩子的自信心和自我认同。

问题 80　孩子经常说脏话

一位家长说，他的孩子上小学三年级，经常说脏话，让人听着很反感。家长告诉他不能说脏话，他也没有改掉这个坏习惯。

我们先来分析一下孩子说脏话的原因。脏话是人保护自己的一种方式，也是释放攻击性的一种方式。同时，它也是跟别人建立关系最简单直接的一种方式。

在小孩子的眼里，说脏话是一种社交文化。这个年龄段的孩子说脏话多半是好奇心的驱使。孩子到了三四年级，好奇心会特别重，但是又怕自己不合群，与主流脱轨，所以，越是不知道的事、不会说的流行语，他们越会主动去了解，去学习。

其实小孩子心中根本没有什么脏话的概念，对他们来说，某些词只是常见的、帅气的、表达语气的词。在日常生活中这样的语言听多了，他们便会习以为常，同学之间互相说了也不会觉得是在骂人。

当然我们也会看到很多青春期的孩子说脏话，其实这是他们想表达自我的一种形式。他们觉得说脏话很酷，可以表达一些自己无法表达的情绪或情感，并且他们认为说脏话有一种叛逆的感觉。所以，很多青春期的孩子会把说脏话作为一种自我表达的工具。

通过观察我发现了一个有趣的现象：除了父母经常说脏话的家庭容易熏染出喜欢讲脏话的孩子以外，高学历的父母也容易养出叛逆、喜欢说脏话的孩子。这是什么原因呢？因为这样的父母会对自己的孩子要求很高，以至于忽略了孩子本身的需求。

在这种情况下，孩子很多天性里的东西被压抑了，他也没有一个可以释放的渠道和环境，所以会用说脏话来释放一下自己。

那么家长该如何处理孩子说脏话这个问题呢？

如果孩子只是偶尔说一下脏话，家长不用过于担心和在意。家长经常有一个误区，就是对于孩子的很多事情特别敏感、一惊一乍。比如，很多父母会说："我的孩子现在不吃饭，以后可能会骨瘦如柴"，或者"孩子现在不做作业，以后没有自觉性怎么办"……这样的想法很容易使家长放大很多事情的不良后果，然后陷入焦虑。

如果家长在听到孩子说脏话时能够比较平和地对待孩子，向他说出自己内心的真实感受，以及他说的脏话会让别人对他产生什么样的看法，孩子自然会去思考这件事情对他的影响有多大。

家长觉得孩子说脏话是一件大事，是因为心里存在一个"完美孩子"，就像你随时提着一盏探照灯去看孩子，你会发现孩子身上有很多让你无法接受的缺点。这个时候，家长已经忽略了孩子真实的状态。

实际上，如果家长不去过多地关注孩子说脏话这件事情，它慢慢就会过去了。但是如果家长一直盯着这件事不放，有可能会引起与孩子之间的冲突，孩子甚至可能会攻击家长，就像"你要我怎样，我偏不怎样"，这反而强化了孩子的这种行为。

如果孩子是在青春期有意识地说脏话，建议家长去学习相关知识，正确地爱孩子，理解孩子，鼓励、确认孩子，以及合理地批评孩子。只有先建立和谐的亲子关系，家长的引导才能起到效果，才能更好地帮助孩子健康成长。

问题 81　孩子离家出走

每隔一段时间社会就会出现孩子离家出走的新闻。而不少家长认为，孩子离家出走是叛逆的表现。那么，孩子为什么会有如此强烈的情绪？他们离家出走的原因有哪些？

孩子离家出走的原因大致分为四种。

第一种，逃避惩罚。有的孩子在学校做错了事情，由于自尊心强，不好意思去学校，害怕父母惩罚也不敢回家，就会离家出走。

家长找回孩子后，要注意三个要点。第一，不要惩罚孩子，而是和孩子一起面对、处理他做错的事情。第二，要反思自己的教育模式、沟通模式是否需要改变，要问问自己为什么孩子在遇到困难时没有选择信任父母，反而逃避父母。第三，告诉孩子，离家出走只是在逃避问题，并不能解决问题，还会制造更多的问题。

第二种，逃避压力。有些家长过分追求成绩从而忽视了孩子的心理需求和情感需求。他们每天开口、闭口谈分数，和孩子很少沟通其他话题，久而久之，他们和孩子之间的关系越来越疏远。孩子会产生逆反逃避的心理，渴望逃避家庭的监管，于是就用离家出走的方式逃避父母、家庭带给他们的压力。

如果孩子离家出走的原因是逃避压力，家长不妨学习家庭教育系列课程，重温如何爱孩子、理解孩子、赞赏孩子，如何和孩子进行沟通等内容。

第三种，威胁家长。有的孩子由于某些要求得不到满足，为恐吓和威胁家长而离家出走。在这种情况下，孩子并不是真的离家出走，他只是在制造一种紧张的气氛，使家长向自己屈服。

孩子被找回后，家长不可打骂、恐吓孩子，或者对孩子不闻不问。打骂、恐吓只会让孩子的恐惧心理加重，再次离家出走。如果家长因为怕孩子再次出走，就不敢说、不敢问，甚至对孩子百依百顺，孩子也很有可能还会采取离家出走的方式来要挟父母，从而达到自己的目的。

家长要在两个方面做功课。首先是规矩方面。孩子用离家出走的方式要挟家长满足自己的欲求，从本质上来说是家长没有给孩子立过规矩，孩子做事情就会没有边界。其次是家长要反思是否过于溺爱孩子，导致孩子不体谅父母，总是提出无理要求，进而发展到用离家出走威胁父母。

第四种，家庭不和睦。很多孩子离家出走的原因在于家庭环境不和谐。一位妈妈对我讲过，孩子的脾气越来越暴躁，动不动就摔东西，还会把自己关在房间里，不吃不喝，甚至离家出走。我进一步得知，孩子的父亲经常会把工作上的情绪带回家中，向妻子和孩子发火，家庭气氛很紧张、很冷漠。孩子生活在这样的家庭环境中也承受了巨大的压力，这个家对孩子而言不是避风港，而是火药桶，他会感觉外面比家里安全，所以就离家出走了。

以上就是孩子离家出走的主要原因。家长必须清楚，孩子离家出走，是想让家长重视自己，或者认为家里不如外面好。这里的好，主要是指精神环境。家长要做到重视孩子，改善家庭环境。

问题 82 孩子偷拿家里的钱

一位家长发现孩子偷拿家里的钱，想当着全家的面直接说出来，又怕伤及孩子的自尊心，给孩子造成心理创伤；不惩罚又说不过去，怕孩子继续有这种行为。她向我咨询，遇到这种情况，家长该如何处理？

我首先要肯定这位家长的做法，她没有打骂和责罚孩子，而是考虑到了要保护孩子的自尊心。对于孩子偷拿家里的钱这种情况，大多数家长都会认为，孩子偷钱的毛病是绝对不能惯着的，他们往往采取直接打骂、责罚的方式教训孩子，期望用这些方法改掉偷钱的毛病。然而，这些做法不仅会使孩子和父母之间的关系变得紧张，还会伤害孩子的自尊心。

要解决孩子偷拿家里的钱这个问题，家长首先要了解孩子的想法和行为动机。

比如，有的孩子是为了给同学买吃的，想请同学吃饭，怕父母不允许，才偷拿家里的钱。这种行为的深层原因是孩子想用钱来换取他人的尊重和好感，让别人喜欢自己，从而让自己融入小团体。即孩子的存在感很低，他渴望获得别人的认同感。如果孩子因为想获得认同感而偷钱，就需要家长重点在孩子的价值感和交友观等方面下功夫，否则，即使孩子不会出现偷钱行为，也可能出现其他不良行为或问题。

有的孩子为了买化妆品、衣服偷拿家里的钱。可能孩子想要在同学面前炫耀自己的新妆容和新衣服，为了满足自己的虚荣心。这说明孩子的价值感和存在感不足，家长要对孩子进行正确引导。

还有一种常见的原因是孩子喜欢玩游戏，为了花钱充币买装备。如果是这种原因，家长就要进一步搞清楚，孩子想要不断在游戏里升级，是想得到同伴的夸奖、羡慕，还是想要通过不断通关获得价值感。家长一定要找到孩子行为背后的诉求，才能从根本上给孩子正确引导。

此外，还有一些特殊的动机。我曾看过一条新闻，一个12岁女孩因为偷拿家里的钱，被家人暴打，结果女孩跳河自杀。直到女儿离世，妈妈才知道女儿偷拿钱的真正原因。原来孩子多次偷钱，都是因为被同学威胁。家长发现孩子偷拿家里的钱的时候，一定要先思考孩子为什么要这样做，他想要用钱干什么，弄清楚这些再去处理，才能解决问题。

孩子偷拿家里的钱确实不对，但是这里也有家长的原因。比如，孩子可能向家长提出过用钱的需求，但是家长拒绝得过于直接和粗暴，没有注意到孩子的心理需求，孩子才会采取这种错误的方式。

面对孩子偷拿家里的钱这种情况，我给家长几点建议。

第一，当家长知道孩子偷拿家里的钱，但是没有公开来谈，或者孩子不承认的时候，家长要引导孩子及时纠正，给孩子一个主动承认错误的机会。

第二，当孩子承认偷拿钱的事情后，家长不要大惊小怪、过分紧张。态度要温和，问清楚孩子偷钱的原因，同时用温和的方式提醒孩子，想要获得钱或者想要的东西，应该通过正当合理的方式；用非合理方式获得钱或者其他东西必然会付出更多代价。当然，家长也可以通过现实的事例让孩子认识到偷的危害。

第三，给孩子适当的零用钱，让其树立正确的金钱观。有些家长担心孩子有了钱会乱买东西，所以从未给孩子零用钱，他们会告诉孩子，"你想要什么，告诉我，我会给你买"。但是，有时孩子和家长说了，家长也未必愿意买，或者孩子不好意思让家长买。在这些情况下，孩子就可能会做错事。

所以，家长应该给孩子适当的零用钱，并教导孩子如何合理管理自己的零用钱，让孩子树立正确的金钱观念。

问题 83　孩子辍学

有家长向我咨询，他的孩子自初一下学期开始就辍学了。每天白天睡觉，晚上打游戏，昼夜颠倒，浑浑噩噩，并且大部分时间一个人躲在房间里。孩子在初一上学期就萌生了辍学的想法，当时家长也没有在意，只是问孩子，如果不去上学，还能做什么呢？如今孩子辍学，令他们始料未及。家长问我，是不是孩子厌学，才会辍学？

其实很多家长不清楚，辍学并不是孩子突然之间的决定，他们在做出这个决定之前可能经历了很多痛苦。很多孩子辍学也是迫不得已的，不到万不得已，他们是不会选择辍学的。毕竟，孩子也知道在他们所处的年龄阶段，学习才是首要任务。

究竟有哪些原因会导致孩子辍学呢？

第一，被集体排斥和边缘化。这类孩子缺乏父母的关爱，极度渴望别人对他们的关注。他们小时候因为各种原因无法同父母生活在一起，大多在老人身边长大，或者被寄养在其他亲戚家里；即使他们和父母生活在一起，父母也经常吵架，以致他们缺乏父母的关爱，无法得到父母的重视，与父母的联结程度低。总而言之，他们与父母存在着不同程度的亲子关系的中断。他们在学校里渴望得到老师和同学的关注，会通过叛逆、讨好别人、穿奇装异服等方式引起别人的注意。然而，这些和校园生活格格不入的行为并不会被老师和同学接纳，因此，他们可能会被贴上"问题学生"的标签，会被集体排斥或者边缘化。长此以往，他们就会选择辍学。

第二，同他人交流的能力较弱。有一些孩子不知道该怎样与人打交道，与人交流的能力较弱。其实，他们也渴望和他人交流，非常想融入集体或者各种小团体，但是他们会不适应，甚至没有这个能力。这和他们父母的教育及家庭环境有关。父母对他们的掌控较多，家教比较严格，使他们和同龄人接触较少。来到学校之后，由于缺乏交往能力和共同语言，他们不知道怎样和同龄人沟通和交流，会导致他们被同龄人孤立、边缘化，感受不到集体的温暖。久而久之，他们就产生了辍学的念头。

第三，被父母极度溺爱。这些孩子从小衣来伸手，饭来张口。家长的溺爱和事事包办导致他们遇到事情时不会处理，心智幼稚、不成熟，他们的举止、行为、思想经常被同学嘲笑。在学校里遇到困难，他们的第一反应是选择不去上学。

第四，学习成绩优秀但心理承受能力差。在我长期接触的大量案例中，有一类孩子学习成绩很优秀，也有很多特长，对自己的要求也很高，但是他们的抗挫折能力很弱。他们大都就读于名校、重点班，一旦成绩不理想，跟不上学习进度，他们就会选择不去上学。他们之所以选择辍学，根本原因是他们从小在赞扬声中长大，一旦认为自己在班级中不是最优秀的，就会陷入自我否定，难以走出。

家长们应该懂得，孩子的学习成绩固然重要，但是孩子的抗挫折能力、价值感等也不能被忽视，这些能力和因素是让孩子走得长远的必备条件。

第五，在学习上没有找到价值感。这类孩子学习成绩不理想，基本已经丧失了学习的信心和动力。他们落下的功课太多，老师讲的内容他们听不懂，题也不会做。他们也想好好学习，但是学习的信心不足，又没有合适的学习方法，使得他们在学习上感受不到价值感和存在感，自然而然会想出去打工、学技能，故而选择辍学。

第六，无法面对或者处理重大事件。比如，有的孩子早恋分手，感觉没办法面对对方，就不去上学；有的孩子可能遭遇校园欺凌留下了阴影，不想或不敢去学校；有的孩子可能和老师发生过冲突，不愿意去上课；等等。这些重大事件如果没有处理好，很可能就会成为孩子辍学的导火索。

大部分家长对于孩子辍学这件事都无法接受，感到愤怒、担心、焦虑甚至无力。家长在解决问题之前必须清楚，孩子也不想做出这样的选择，他们也很痛苦、很压抑，此刻孩子是需要帮助的。家长要用一段时间来治愈孩子，找到问题的症结，修复亲子关系，这样不仅可以解决孩子的问题，还会帮孩子渡过难关。

家长要做的第一件事，就是让孩子感受到来自家长的爱。要让孩子感到，无论他是上学，还是辍学，家长都尊重他、接纳他，会义无反顾地爱他。家长允许他慢慢调整，有耐心陪着他调整，等他再次做出选择。当然，家长不要用错误的爱去威胁孩子，那样只会让孩子自暴自弃。家长要记住：无条件地接纳和爱是孩子发生改变和调整的前提。

家长要做的第二件事，是学会倾听，找到孩子辍学的原因。找到孩子的主要问题在哪里，才能对症下药。孩子为什么会走到辍学这一步？很大原因是孩子的心里已经积压了太多的情绪，而家长忽略了孩子的想法。孩子遇到困难时，不愿意向家长倾诉，也不愿相信家长，日积月累，问题通过辍学的方式爆发出来。孩子辍学实际上是在提醒家长要提高倾听和沟通的能力——先和孩子搞好关系，争取孩子的信任，听到孩子的心声，倾听孩子过往的遭遇，同孩子的内在对话。这样，家长才能对症下药，切实有效地帮到孩子。

家长要做的第三件事，是改变旧的家庭教育模式，使孩子发生变化。家长要明白，孩子本身没有问题，是家长的养育方式出现了问题，孩子才会出现问题。换句话说，孩子用自己出现问题的方式，提醒家长要改变和成长。

如果孩子因为学习不好，或者觉得学习无聊而辍学，就是在提醒家长，曾经一定做过很多降低孩子学习动力的事情，比如在学习上打击、责骂孩子，在孩子需要帮助的时候没有给予他们帮助，不注重给孩子立志和做人生目标规划。

如果孩子一贯学习很好，只是接受不了学习上的偶尔挫败就辍学，其实就是在提醒家长，以往的教育方式没有注重挫折教育，孩子太过傲慢，价值感来源单一。

如果孩子因为校园暴力而辍学，家长就要反思自己在以往的教育中是否给过孩子足够的安全感和力量感，自己有没有在第一时间挺身而出，做孩子坚强的后盾。

如果孩子是因为顶撞老师而辍学，他可能是在提醒家长，以往处理问题的方式太过情绪化，没有为孩子进行过正确的示范。

孩子每个问题都是果，问题的背后其实都有因，而这个因和家长有很大的关系。如果家长找不到这个因并对症下药，孩子还有可能会出现各种各样的新问题。

比如，那些被过分溺爱、凡事都由家长包办的孩子，他们可能会因为内心不成熟被同学嘲笑孤立而辍学。如果家长不能改变对孩子的教养方式，他们永远都不会长大。因为不会和别人打交道而被边缘化的孩子，即便是现阶段没有辍学，如果一直缺乏和别人交往的能力，也会给他以后的生活带来不利的影响，甚至他还会把这种模式传递给自己的下一代。

家长应该明白，孩子出现问题不一定都是坏事，这是在提醒家长，已经到全家合力学习改变的时候了。家长现在帮孩子解决这些问题，孩子以后才不会出现更大的问题。如果家长不能帮助孩子从源头上解决问题，让他们从心理阴影中走出来，只是急着让孩子回去上学，即使孩子回到了学校，也会出现其他问题。

家长要记住，要把所有该做的事都做到位，扮演好自己该扮演的角色，并及时给予孩子必要的心理安慰、心理疏导。不要等事情发生了，再追悔莫及。

问题 84　孩子喜欢咬指甲

有家长问，孩子总是咬指甲该怎么办？很多人在下面回复：这是孩子缺乏微量元素造成的。其实，缺乏微量元素只是造成孩子这种行为的部分原因，而不是根本原因。

类似咬指甲这类行为，不仅仅反映了身体问题，更多的是反映了心理问题、情绪问题，如果不能对症下药，即使补了微量元素也无济于事。

一般来说，咬指甲容易在孩子3~6岁时发生。随着年龄的增长，这种行为也会自然地消失。不过还是会有很多孩子将这一习惯带到成年。我们会发现很多成年人也有咬指甲的习惯，甚至在百度上还能搜到名为"咬指甲"的贴吧。

孩子咬指甲我们还能理解，为什么有一些成年人也会做这种不利于身体健康的行为呢？原因很简单，这已经成了他的一种习惯性的反应。

通过分析多个案例，我发现在遇到负面情绪时，比如，当感受到紧张、抑郁、沮丧、自卑，或者说感受到外界的敌意时，有的孩子会用咬指甲缓解情绪，有的孩子会做出攥紧手、摸头发、眨眼睛等动作，甚至有的孩子是用撕脚皮的方式缓解负面情绪或压力。而当孩子反复感受到某种负面的情绪时，这种行为就会成为他一种无意识的动作，久而久之就会形成习惯，一旦遇到类似的场景，他就用咬指甲等行为来缓解负面情绪造成的压力。如果家长再遇到孩子有这种行为，就要知道，孩子此刻可能处在某种负面情绪里。

这种下意识的习惯一时是很难戒除的。因此，家长一旦发现孩子有这种习惯，一定要给孩子营造一个安全、安心的环境。

我有几个建议分享给家长朋友们。

首先，家长遇到孩子咬指甲，一定要放宽心，千万不要责骂孩子。责骂孩子会让他形成负面情绪，引发他的紧张和不安，从而加重咬指甲行为。

其次，家长也不要反复强调不要咬指甲，否则不仅不能帮助孩子改掉这个习惯，反而会在孩子的大脑里强化这一行为。

再次，家长要告诉孩子咬指甲对身体的危害。我们都知道咬指甲是一种不良习惯，指甲藏有细菌，咬指甲会让细菌进入我们的身体，家长要把这些告诉孩子，和孩子做戒除这种习惯的约定。与此同时，家长也要注意经常给孩子剪指甲，或者提醒孩子剪指甲，避免孩子因指甲过长而去啃咬。

最后，当孩子不自觉地咬指甲的时候，家长要关注孩子是否有情绪。如果孩子没有情绪，只是一种无意识的行为，家长可以选择转移孩子的注意力，培养孩子其他的兴趣和习惯，让孩子慢慢用一个好习惯替代这个不良习惯。如果孩子是在有情绪的状态下做出的这种行为，家长就要注意了，要观察是哪些情绪导致孩子出现了这种行为。比如，孩子是在写作业时开始咬指甲，还是在父母批评他时咬指甲，还是在等待时咬指甲。如果家长能发现这些触发孩子咬指甲的开关，找到导致孩子焦虑的原因，就可以帮助孩子跨过心理上的这道坎。

当然，以上这些内容说起来比较简单，家长执行的时间可能会比较长，这需要家长的耐心。孩子在成长初期，几乎所有的自我价值和自我感受都建立在家长的评价之上。所以，家长要给予孩子更多的关爱，让孩子感受到自己的价值，让他有安全感。当孩子的情绪能畅通地流露和表达时，由负面情绪造成的焦虑就会逐渐减少，由负面情绪引起的不良习惯也会慢慢消除。

问题 85　孩子花钱大手大脚

一位妈妈说她的女儿最近很喜欢买名牌衣服和鞋子，普通一点儿的都看不上。女儿总是说她的朋友、同学都有，只有她没有。孩子爸爸一心疼就给她买了。其实，家里还在还房贷，生活也不是很宽裕。这位妈妈问，孩子想买什么，家长必须满足吗？

这种现象比较普遍。现在不少家庭的生活条件都比较好，家里吃穿不愁，很多孩子对于金钱都没有什么概念，父母也不愿意在物质上亏待孩子，孩子提出的要求，父母几乎都会想方设法地予以满足。比如，案例里的孩子想买名牌衣服和鞋子，爸爸听了之后，就给孩子买了。这种轻而易举就能得到的感觉会让孩子不够珍惜，不能体谅父母的辛苦，自然会助长孩子花钱大手大脚的行为。

在这种教育模式下，家长为孩子做得越多，给孩子的物质财富越多，孩子可能就越不懂得感恩。

还有一些孩子一边享受着父母的付出，一边嫌弃着父母。

> 有网友分享了一个故事。他有一个10岁的侄子来深圳过暑假。这个孩子很聪明，英语口语也很流利，奥数、围棋、轮滑等各方面都比较优秀。有一次他和侄子聊天，侄子竟然说，自己的父母不配有他这么好的孩子。因为他家家庭条件比较一般，父母开的是价值十几万元的日产汽车，其他同学父母开的都是豪车；同学都在用新款苹果手机，他只有普通手机。

在这个案例中，我们很明显地感觉到孩子受到了周围环境的影响。同时，我们也不难看出，父母忽视了对孩子的情商和爱的教育。家长如果不想培养出这样的孩子，就要帮助孩子从小树立正确的金钱观，让孩子减少攀比心和虚荣心，正确对待财富。

如何帮助孩子树立正确的金钱观？我给各位家长几点建议。

第一，全家可以定期召开理财会议。很多家庭既没有开家庭会议的意识，更没有开家庭会议的习惯。家长必须清楚家庭会议的重要性，这有利于全体家庭成员在家庭事务上达成共识，这样就不会出现教育问题上的不统一，让孩子钻空子。家长可以在家庭会议中明确孩子零用钱的数额，也可以让孩子当家做主，如买一周的菜，交房贷、电费、水费等，让孩子计算一下家庭的必要开支。孩子一旦参与其中，慢慢地就会对钱有概念，学会正确对待金钱，也会体谅父母的不易。

第二，家长要做合理消费的榜样。很多家长常常忽略自己的消费行为，特别是过度消费、不合理的消费以及追逐潮流的消费，这些行为都会对孩子产生潜移默化的影响。比如，不少家长追逐名牌服装、鞋子、首饰、手表，甚至名牌汽车、豪宅，这些行为都会影响孩子的价值观，孩子会认为自己的家庭条件很不错，自己花钱很少，和爸爸妈妈比起来简直是微不足道。如果家长希望孩子学会节俭，就一定要认真审视自己的消费观和消费行为，努力为孩子树立正确的榜样。

第三，家长一定要对孩子做到延迟满足，让孩子先付出，再获得。当孩子提出要求时，家长要正确引导孩子，不要马上满足孩子的要求，适当延迟孩子的要求，让他知道优越的生活来之不易。举个例子，孩子要买玩具，即使你觉得玩具可以买，也可以跟孩子说这样："家里这个月的开销太大了，爸爸妈妈赚钱很辛苦，可以等下个月发了工资再给你买吗？"

让孩子用自己的劳动换取，也不失为一个好办法。当孩子提出想要一个比较昂贵的物品时，家长不要立刻满足孩子，可以跟孩子商量用付出劳动换取回报。用这种方式引导孩子，有助于孩子的成长，可以教会孩子什么叫耐心和等待，孩子也会更加珍惜来之不易的物品。

第四，家长可以和孩子讨论理财方式，讨论孩子对零用钱的规划，以及各种书籍、衣服等必需品的预算，然后将商议好的结果教给孩子管理。如果孩子的实际支出超过了预算，家长要帮助孩子分析他在哪些地方规划得不合理，从而让孩子明白如何更加合理地使用零用钱。

其实，无论是穷养孩子还是富养孩子，重要的是家长如何帮助孩子形成正确的金钱观、消费观，让孩子体谅家长的不易，懂得生活的不易。

问题 86　孩子做错事喜欢找借口

有家长问，孩子做错事总爱找借口，家长该怎么办？是置之不理，是打骂了事，还是耐心管教？下面我就和各位家长聊一聊遇到这种问题，家长该如何处理。

我讲述几个很多家长都似曾相识的场景，大家一起分析这几个场景。

场景一：孩子忘带家里钥匙，在门口等了半个小时。家长就会说，是自己不好，早上出门太急，忘记提醒孩子带钥匙。

场景二：孩子对爷爷奶奶发脾气。孩子的父母却说孩子快中考了，心理压力太大，才会脾气不好的，孩子也不是故意的。

场景三：孩子没完成作业，结果家长跟老师解释，孩子最近要参加舞蹈比赛，训练太累了，回家就要睡觉，所以没有写作业。

作为家长，我们都很爱孩子，但这种爱有时也成了孩子犯错的借口和理由。家长太过溺爱孩子，以至于让孩子失去了做事的规矩和尺度，忽视了自己该承担的责任。诸如"没被提醒""压力大""太累了"的话语，都是家长为孩子找的看似很正当的理由。请各位家长换个角度想一想，带钥匙需要经常被提醒吗？压力大就可以对长辈发脾气吗？作业不是学生无论如何都要完成的吗？

还有些家长当着孩子的面，利用种种借口推卸自己的责任，这会直接混淆孩子的价值观，对孩子做出错误的心理暗示。

一个经常被父母用各种各样形式的借口和理由"保护"起来的孩子，是很难产生担当与责任感的。他们在以后做事失败、与人发生冲突，或者遇到坎坷挫折时，可能也会习惯性地抱怨或者找借口。还有一些孩子喜欢找借口的原因则是家长在孩子犯了错误时，会给予他们严厉的惩罚。孩子为了逃避这些惩罚，就会习惯性找借口为自己辩解，推卸责任。

如何培养孩子的责任感，让孩子在遇到问题的时候敢于担当呢？我给各位家长几个建议。

第一，当孩子犯错的时候，家长要让孩子学会承担后果。

> 成都某小区一个小男孩和爸爸乘坐电梯，男孩趁爸爸没注意按亮了所有的楼层。男孩的父母考虑到孩子的行为给左邻右舍带来了不便，于是让他写检讨书并贴在楼梯口。很多网友都说小孩子调皮才会这样做的，家长这样做是不是小题大做了。男孩的妈妈回复：孩子犯错，就应当承担错误带来的后果。

在孩子犯错后，家长就要引导孩子分析犯错的原因，并找到改正的方法，不要害怕孩子受到委屈，要给孩子负责任的机会，孩子才会成长。

第二，孩子犯错，家长一定不要责骂和训斥他们。责骂和训斥只会减少孩子的内疚感，让孩子产生对犯错误的恐惧。有很多家长还会追着孩子的错误不放，反复责骂训斥，这就会引起孩子的逆反心理——我就是要犯错。因此，家长要接纳孩子的错误，只有接纳，孩子才敢于承认错误，承担责任。

第三，家长要给孩子选择的权利，也要让他为自己的选择负责。比如，孩子因为生气摔坏了碗，家长可以先问问孩子为什么不高兴，安抚他的情绪之后，再让孩子为摔碎的碗负责，可以让孩子用自己的零花钱买一个新碗。再如，家长可以让孩子选择是做完作业再玩，还是先玩再写作业，但是，家长要和孩子一起分析这两种行为带来的后果，通过比较、分析，选择适合孩子的那种方式，而不是直接扼杀孩子的主动性和选择权，直接对孩子做要求。否则孩子自然会把责任推到家长身上。

第四，培养孩子的责任感可以从培养他们的家庭责任感开始。家长可以让孩子在家庭中分担一些家务，参与家庭决策，家里的大小事情，都可以听听孩子的意见。如果孩子有好的建议，家长可以采纳，并给予他们表扬和支持。让孩子从生活的小事中学会担当，培养孩子的责任心。

孩子有了担当者的思维，在他遇到挫折时，就会自然而然地采取补救措施，也会更容易把逆境当作机遇，从困境中走出来，甚至逆袭。

问题 87　孩子经常做家长禁止做的事

有位妈妈说，越不让孩子做什么，孩子偏偏就越要做什么。她跟孩子说，不要在书桌上乱涂乱画，结果还是会看见桌上的涂鸦；她告诉孩子写完作业后才能看电视，孩子还是到家后先打开电视机看动画片；她告诉孩子不能说脏话，孩子还是会说脏话，并且屡教不改。孩子为什么会和家长对着干？为什么越是禁止的事情，孩子偏偏越要做？

在回答这个问题之前，我想请各位家长和我一起做一个游戏。请各位家长闭上眼睛，不要想到你家的冰箱，不要想象你家的冰箱门已经打开，也不要想象冰箱里面有一盘虾、五个鸡蛋，以及一罐牛奶。

好了，请睁开眼睛。各位家长，当你听到我刚才的描述时，你头脑中形成的影像是什么？是不是联想到了自己家的冰箱，联想到了打开冰箱的门，看到了虾、鸡蛋、牛奶？在这个游戏中，我们好像完全忽视了"不要"这个词。现在请各位家长试着把"不要"融入你的头脑，看看你能否做到呢？如果你做不到的话，我相信孩子也可能做不到。我们的大脑在接到语言指令时，只能呈现出表示肯定的图像，而不能呈现表示否定的图像。

家长平时对孩子说的类似"不要玩水""不要看电视""不要玩手机"等禁止性语言，都间接地强化了这些行为。比如，当孩子听到父母说"不要把碗打碎了"，那么孩子的头脑中形成的图像就是"碗打碎了"的图像，并且强化了这一图像。原本"碗打碎了"发生的概率为10%，经过语言和头脑中图像强化之后，这一事件发生的概率可能会增加。

比如，一个小男孩一直尿床。家长在给小男孩换了新床单后，对他说"今晚不要再尿床了，"结果第二天早上，孩子还是尿床了。当家长说"不要再尿床"时，孩子在头脑中形成"尿床"的图像，无形中强化了尿床的潜意识，因此孩子还是会尿床。

家长尽量不要对孩子说"不""不要"这类否定词语，这些词在人的脑海中会形成负面图像，会带给人们负面感受，会导致负面结果。这就是家长越是禁止，孩子却越要做的一个原因。

家长必须清楚一个原理，你每天对孩子说的话都会在孩子脑海中产生心理图像，并直接进入孩子的潜意识。你说的次数越多，孩子的心理图像便会不断累积，潜意识就会逐步放大，最终会变成现实。心理学上有一种现象叫作自我实现预言，意思就是一个人会不自觉地按照自己内心的预言行事，直到这个预言真的发生。

> 有这样一个故事。一个陌生人来到一座城市，广场上坐着一位老人。陌生人问老人这座城市的人如何。老人反问：你生活的地方的人们是什么样的？陌生人说，他们很糟糕。老人回答，这个城市的人也是如此。不久，又有一个陌生人问了老人同样的问题。老人同样反问这个陌生人这个问题：你生活的地方的人是什么样的？这个陌生人说，他们是一群极好的人。老人答道：这个城市的人也是如此。

外界环境影响着我们的内心感受，内心感受又反过来决定我们看待外在世界的态度。同样，你每天对孩子说一些负面的话语，负面的话语就会占据孩子的内心和脑海，他自然做的就是负面的事情。

我在《觉醒父母：教育子女的8大智慧》中讲过确认的智慧。确认分正面确认和负面确认，你如果经常从正面确认孩子的言行，孩子自然是积极、阳光的；如果你经常从负面确认孩子的言行，孩子可能会朝着你最不想看到的那个方向发展。

家长应该多说积极的话语，多用积极的方式给孩子描绘积极的图像，从而实现积极的效果。在前文所举的小朋友尿床例子里，家长可以用一种更积极的话语方式，给孩子形成积极的图像暗示。

比如家长给孩子换好干净的床单，在孩子睡前亲吻他，对他说："让我们试试看今晚能不能保持床单干净。"这句话在孩子头脑中形成的图像是"床单干净"，而床单干净这一结果是因为孩子没有尿床，从而在潜意识中指导孩子不尿床。

家长要向孩子描述期望他们做的，而不是不想让他们做的。这样才会让孩子所做的符合家长的期待，而不是和家长的期望背道而驰。家长希望孩子是什么样子，就要用正向的方式表达期望，给孩子绘制积极的图像，这样孩子才有正向发展的可能，在正向确认中变得积极和美好。

问题 88　孩子成了校园里的施暴者

我向各位家长朋友推荐一部关于校园霸凌的电影——《少年的你》。

校园本该是孩子学习知识、塑造人格、展现朝气的地方，同学之间也应该互助互爱，充满阳光的。但是近些年来校园霸凌屡禁不止，引起了社会的广泛关注。

行为篇

> 一段"小女孩在宜兴某公园被跪打欺凌"的视频在网上传播。视频中,几个十二三岁的孩子围着一个女孩扇耳光,被打女孩的脸红肿不堪。
>
> 一名甘肃某地的初中生被五名同学围殴致死;深圳一名男生被多名初中学生围殴并被拍下视频,其间不仅被踹头、轮番殴打,还被逼下跪,自扇巴掌,结果被打的孩子额骨骨折、眼眶瘀血、脑震荡……

这样的校园霸凌新闻一轮轮地出现,让每一位家长都感到心惊。在心惊之余,家长必须反思为什么孩子会成为校园霸凌中的一员,明明是天真无邪好好学习的年纪,为什么会做出这样没有良知、没有界限的事情。

在思考原因之前,我们先来了解一下霸凌行为的特点。

一般来说,霸凌行为通常出现在中学阶段。这个阶段是孩子价值观建设最重要的阶段,也是自我意识膨胀、对规则边界认知懵懂的阶段。这个阶段的孩子明明很幼稚却自以为成熟,他们往往过于在乎自己的感受而不顾及他人的感受,同时他们渴望拥有朋友,想被朋友重视和理解,希望融入集体,拥有归属感,并且从中获得话语权。因此,在我们看到的关于校园霸凌的案件中,施暴方往往都是一个个小团体,他们会觉得一群人一起选出一个受害者并对其加以施暴，就能够展现他们的哥们儿或姐们儿情谊。正因为这种无知无畏，他们往往会忽视融入小集体可能存在的危害，不知不觉陷入邪恶。

一开始，他们选定受害者可能是随机的，没有理由，但是选定后，往往持续地对受害者进行欺压、打击或其他暴力行为。

这让我们很愤怒、很难过，但是我们必须思考，这些施暴的孩子真的是天生的坏孩子吗？

> 电影《少年的你》中的霸凌者魏莱，长相甜美、家境优越、成绩优秀，在老师和家长的眼中，她的未来一定是绚丽多彩的。但是人们没有想到，她竟然是校园霸凌的施暴者，而这和她的家庭有关。
>
> 魏莱的父母要求女儿必须考上名牌学府，成为佼佼者，于是他们剥夺了孩子的选择权，理所应当地帮孩子做决定；女儿无法达到他们的期望，他们就要求她进入复读班学习。长此以往，魏莱内心的需求一再被压抑，她就把欺凌当成了一个情绪的出口，而她对待弱势同学的态度，也正是她反抗父母权威的一种方式。换句话说，她正在用父母对待她的方式去对待比她弱小的同学，并且潜意识里认为她的做法是对的。一方面她拼命地想要挣脱父母的牢笼，一方面她又不自觉地追随父母的价值观。

> 魏莱父母的价值观又是什么呢？强者才有资格得到尊重和爱，弱者只能受到不公平的对待。她父母从她小时候起就告诉她，她和别人不一样，她拥有最好的教育资源，必须考上名牌大学。当她没考上大学时，父亲一年都不和她说话。达不到父母的期望，就是弱者，就必须承受来自至亲的冷暴力，这是她切身体会的"真理"。所以作为施暴方的她其实也是这种教育的牺牲品。

有句话说得好，父母是孩子的答案。父母的行为、价值观会影响孩子对世界的认知。

我曾经接触过一个男孩，他也是校园霸凌的施暴方之一。我问过他欺负别人的原因，他说没有理由，就很自然地那么做了。后来我得知，他从小经常被父亲打骂，有一次他犯了错，被老师当众批评，老师还要求全班同学不和他玩，他就对家庭和学校产生了怀疑和不信任，也产生了怨恨和报复心理。

家长必须明白，孩子成为施暴者，一定和他的成长经历有密不可分的联系。他的成长经历可能带有某些缺陷：或许是严重缺爱，或许是内心很敏感，渴望被重视，或许是家长管教责任的失职和放纵，抑或是失序的家庭环境。各位家长，请正确地爱孩子吧，不要让孩子成为家长错误教育方式的牺牲品。

问题 89 孩子成了校园霸凌的受害者

一般遭受过校园霸凌的孩子，常常会感到委屈，他们不知道自己为什么成了霸凌的对象。他们也会自卑，认为是自己不好才会被别人欺负，常常把霸凌的责任归于自己。他们每天都提心吊胆，怕再次会遭到这种对待；他们也经常会感到无助、孤独甚至绝望。他们被欺负时，周围都是围观者，没有一个人帮助他们，他们对人性充满了质疑。

校园霸凌就像是一场噩梦，而做过这场噩梦的人，一辈子都会有心理阴影。遭遇校园霸凌的孩子在成年后可能也会抑郁，由于他们很难摆脱对他人的不信任感，所以在人际交往中，他们不善于求助和合作，自尊水平和自我评价极低。

每一位家长都不希望自己的孩子成为校园霸凌的受害者。有些家长认为，自己的孩子很听话、很聪明，不会遭受校园霸凌，其实也不一定。

我们先来看看，什么样的孩子容易成为校园霸凌的对象。

第一种，内心力量感不足的孩子。一般来说，生活在专制型家庭或者强制型家庭中的孩子，内心力量感是不足的。他们事事都要听从父母的安排，没办法自己做主，他们习惯了服从和忍受，自我价值感很低，导致内心力量感不足。

我们看到，在多个校园霸凌案例中，受欺负的孩子大多都会选择默默忍受，就算他比施暴者更强壮、更高大，就算他有机会反抗，他也会忍气吞声，不敢反抗。

这与家长的教育有着密切的关系。孩子在集体中的位置，往往会反映出孩子在家庭中的地位。那些骄横霸气的施暴者，在家中常常也是盛气凌人的小霸王，而受害者呢，在家中常常是乖孩子。

另外，被家庭和父母忽视的孩子内心力量也会不足。他们缺少来自父母的爱和关心，在成长过程中缺少安全感和自我认可，以致他们内心力量不足。

溺爱型家庭也容易让孩子内心力量不足。一般情况下，家长的过分替代和保护会让孩子以自我为中心，和同学格格不入。他们在父母的各种替代行为中成长，和同龄孩子相比，他们处理问题的能力较弱，这使得他们不自信，内心没有力量感。

家长必须明白，孩子自我保护意识的培养是需要不断积累经验的。你想让从来不曾反抗过的孩子在遭遇欺凌时马上反抗？那几乎是不可能的，因为他不知道怎么去做，更可怕的是他的内心早已习惯了忍受。而这些内心没有力量感的孩子，他们的能量极低，极容易成为被欺负的对象。

第二种，社交能力欠缺的孩子。有的孩子常常因为一些性格问题跟集体中其他成员格格不入，因此成为被欺凌的对象。所以家长要从孩子小的时候就关注其社交发展情况，让孩子学会跟小伙伴相处，让孩子融入集体。

第三种，经常在家目睹暴力和攻击的孩子。在家里目睹暴力和攻击的孩子，很有可能会成为施暴者或者受害者。如果父母在家中用言语辱骂或者讽刺孩子，孩子在学校里很有可能会让别人骂他。在家里习惯了这种攻击，到学校他可能也会扮演被欺负的角色。

看完上面的分析，家长们就要引起重视了，不要再用错误的方式教育孩子。每个孩子都需要父母的爱护，遭遇校园霸凌的孩子更需要父母的爱与支持，这样他们才有勇气去面对前方的挫折和不幸。愿每一个孩子都能拥抱阳光，向阳而生。

成长篇

成长篇

问题 90　孩子想当网红主播

一位家长反映，他的孩子 13 岁了，最近迷上了直播，每天研究怎样才能涨粉和吸引流量，成为网红主播。他给孩子苦口婆心地讲道理，孩子也听不进去，还是一心想当网红。

孩子的志向往往是对现实的反映。"长大后你想做什么？"不同年代的孩子可能有不同的回答：在 50 年前，孩子的答案可能是工人、农民；在 30 年前，孩子可能回答是科学家、工程师；在 20 年前，孩子可能会回答军人、教师；在 10 年前，孩子的答案可能是明星、企业家等。随着时代的发展，每一代人的职业理想都会变化。当今社会，职业不断在丰富，远远超过 360 行。网红主播逐渐走入大众生活，赢得了不少人的关注，孩子视其为理想职业也无可非议。那么，为什么家长一听到孩子要当网红主播，就不认可、不支持孩子的想法呢？

主要原因在于当下网红主播整体形象堪忧。不少网红主播快速成名，要么靠秀颜值、秀身材，要么靠各种搞怪行为，要么靠背后推手，而真正依靠能力和才华获得认可的网红主播屈指可数。家长担忧孩子会形成不正确的价值观。

职业不分高低贵贱。当孩子和家长表达自己想要当网红主播的时候，家长先不要着急反对和教育。我们可以趁着这个机会了解孩子的价值观和理想信念，帮孩子做一次价值观和职业观的梳理。

家长首先要接纳孩子的想法，听一下孩子是怎么理解网红主播这份职业的，他想当网红主播的原因是什么。大部分孩子对网红主播的理解都是很肤浅的，但是这毕竟是一个孩子的理想。家长只有了解孩子的想法，才能更好地引导孩子。

在了解孩子想当网红主播的原因之后，家长就可以和孩子一起讨论几个知名的网红主播，引导孩子看到网红主播光鲜亮丽的背后是持续的积累和付出。比如，知名网络创作者李子柒。在我们看来，她在乡下过着诗意的田园生活，单个视频播放量超过500万次，微博粉丝2000多万人。她制作的视频火到国外，被央视点名表扬。现实却是，她用到的农作物从种到收割、晾晒、腌制、储存，再到成为食材经过烹饪变成美食端上餐桌，这个过程从开始到结束，差不多要花一年的时间。过程中间的困难和辛苦是我们无法体会到的。因此家长要让孩子看到，真正有实力的网红主播其在镜头前的光鲜亮丽，离不开在镜头外付出的努力。

因此，当遇到孩子说想当网红主播时，家长不要急着反对，而是要和孩子一起分析，让孩子知道成为网红主播要面对的种种困难、要付出的种种努力。家长要让孩子知道，上学读书并不会妨碍他成为网红主播。家长可以告诉孩子，想成为一名网红主播，要有一定的功底，而这份功底和自身的文化底蕴、自身能力密不可分，是要通过学习不断积累的。

问题 91　孩子树立的志向不宏伟

家长都希望孩子有一个宏伟的志向，希望孩子将来能够成为学者、医生、律师、作家等。当孩子说出一些与家长期望大相径庭的志向时，家长往往会非常失落，而且会把这种失落感表现在脸上。曾经有位家长在信中向我表达过他的失望："当孩子兴高采烈地告诉我，他的志向是当一名汽车司机时，我真是失望透顶。"

这位家长的想法具有普遍性，我也十分理解他的心情。家长一定要明白，职业是平等的，不要张口就说"你选个高尚点儿的职业好不好"，这样只会打击孩子的信心和斗志。

孩子的志向是非常多变的，家长不必过分紧张。不论当下孩子的志向和家长的期望有多大差距，孩子的想法大多会随着他年龄、见识的增长而发生转变。

家长正确的做法是：先对孩子的志向予以肯定，然后询问孩子为什么想从事这种工作。在倾听过程中，家长即使有失望的情绪，也不要表现出来，要尊重孩子的真实想法。孩子觉得家长认可自己的志向，就会愿意与家长进一步交流。此时，家长可以引导孩子思考应该怎样做才能实现理想："当汽车司机非常好，可以为很多人服务，说明你非常有爱心，非常有责任心。但是，仅有志向还不够，你必须具备实现志向的能力。比如，你现在要学好数学、物理等知识，掌握更多的机械原理，还要培养自己的动手能力。"

如果家长希望孩子改变目前的志向，可以这样引导孩子："你现在定下志向固然好，但是不是有点儿早呢？世界上还有许多有趣的职业，你不想尝试一下吗？说不定你能找到更喜欢的职业。"

问题 92　孩子从来不做家务

2020年,河南焦作的一所学校布置了一项作业,受到了家长和广大网友的一致好评。学校要求学生在疫情防控期间,每周不仅要认真上网课,还要学做一道菜给父母吃。学生们对这项作业表现得都很积极,有的学生跟爸妈学习做菜,有的学生翻书或者上网自学,短短几天的时间,不少学生竟然做出了像样的四菜一汤。家长也很欣喜,在家长群里"晒"孩子的作品。同那些让人抓狂的网课和写作业相比,家长看见孩子们给自己做的菜,感到非常欣慰,齐刷刷地为学校的这项作业点赞。

家长在为学校点赞的同时,也要提醒自己:教育不一定是在课堂上,知识不一定都在书本里。文化知识固然重要,培养孩子独立、自强的品格同样重要,需要点滴形成。如果说家庭是孩子的第一所学校,做家务就是孩子要上的第一堂课。

做家务或许被家长看成一件小事,许多家长宁可把全部注意力和焦点放在让孩子上才艺班上,也不会意识到做家务这件小事会对孩子的未来产生多大的影响。

主动分担家务的人，通常更有同理心，善于换位思考。家务做起来也不容易，孩子只有做了，才知道父母为他付出了多少，才能体谅父母的不容易，才会对父母感恩。

有些人成年之后还习惯把父母当作免费保姆来用，这样的人也很难在工作上主动从公司、领导及其他部门同事的立场考虑问题。

最重要的一点是，习惯于主动做家务的孩子，他们也会打扫、整理自己的房间，会收纳好自己的学习、生活用品，这样的孩子更有独立性，独立意识、独立精神会更强。他们习惯了自己的事情自己做，就很少依赖父母或者他人，会逐渐养成独立思考和解决问题的习惯，而这种习惯是一个人在生活和工作中不可或缺的品质。

看到这里家长应该明白了，做家务看似是一件微不足道的事情，实际上可以培养孩子的良好习惯和能力，更能让孩子学会承担一份家庭责任。在这个过程中，孩子的思维会转变，能力会得到锻炼，也开始学会承担责任了。这些都是可以让孩子过好一生的基本保障。

怎么培养孩子日常的动手能力？我给大家几个建议。

第一，要让孩子做力所能及的家务。孩子的成长不是一蹴而就的，做家务的能力也是一天一天培养出来的。比如，两岁的孩子可以捡起地上的垃圾；幼儿园小班的孩子可以学着洗自己的袜子，整理自己的玩具箱、书包；四五岁的孩子可以在饭后帮助家长收拾碗筷、擦桌子；上了小学就可以学着洗碗、扫地，也可以学做简单的饭菜。

第二，要对孩子做的事多鼓励，允许他们犯错。孩子做家务，在家长看来可能是微不足道的事情，对孩子而言却很重要。家长对孩子的一句鼓励、一个肯定，既增加了孩子的自信心，又让他们有了对家庭的责任感。比如，孩子洗好水果，家长要向孩子表示感谢，并和他一起分享，告诉他今天的水果格外甜；买完东西，可以让孩子帮忙提一下购物袋，并夸奖他真棒。孩子刚开始学做事情肯定不会那么完美，在保证安全的前提下，家长要允许孩子犯错。

第三，家长要调整好自己的心态，相信孩子远比我们想象的更优秀。当孩子可以自己整理物品时，家长就停下双手；当孩子可以自己做饭时，我们就开心地享用他的劳动成果。慢慢地，家长会充满幸福感，孩子也会越来越独立，越来越有责任感。

问题 93　孩子不懂规矩

我们在生活中可能都有过这样的经历：我们正在电影院专心致

志地看着电影，突然，一个小朋友一边踹着椅背，一边大哭大闹，我们的心情顿时就被扰乱了；我们在高铁上睡意蒙眬，这时候几个孩子跑来跑去喧闹不停，也没有家长提醒；我们在餐厅和朋友一起聊天，几个孩子喊叫打闹，我们瞬间感到吃个饭都不安宁。

这时候我们的目光都会投向这些孩子的父母，希望他们能看懂我们的目光暗示，告诉孩子在公共场合要守规矩。结果这些孩子的父母并没有做任何反应。所以，我们说"没有天生的熊孩子，只有不知道管教和不懂管教的父母"。如果父母不给孩子立规矩，孩子长大后，社会一定会教育他什么是规矩。

总的来说，一般有三种家长可能会养出不懂规矩的孩子。

第一种是自己不知道什么是规矩的家长。有一条新闻曾在朋友圈引发热议。一位女生在乘坐高铁的时候，因为劝告一位老人看管自己的孩子，别让他在车厢里乱跑乱嚷，结果遭到老人谩骂。老人一直在用"他只是个孩子"护短——这也是家长常常溺爱孩子的理由。其实老人可能并不知道他的这种做法是在害孩子。家长的庇护就等于告诉孩子"你可以没有规矩，你可以为所欲为"。孩子自然而然就不守规矩，也不懂规矩。

第二种是知道给孩子立规矩的重要性，但是不能在孩子身上顺利执行的家长。很多家长知道孩子做得不对，也知道孩子提出无理的要求不应该满足，但孩子一撒娇、一闹，家长就心疼、妥协了。

这种没有原则的爱，会害了孩子。

第三种是凭着情绪立规矩的家长。这种家长知道什么是规矩，也勇于立规矩，但是他们立的规矩多是自己情绪的发泄。比如，父母答应孩子一个月去看一次电影，但是孩子考试成绩不理想，父母会生气地说："成绩都这样了，还看什么电影？以后都把看电影的时间用来补习吧！"本来家长已经在孩子面前立好了规矩，结果一生气就打破规矩，或者改立新的规矩。这样只会让孩子觉得大人立规矩没有什么原则，不过是情绪的宣泄罢了。这样的规矩，孩子又怎么会遵守呢？

立规矩的失败，归根到底是家长在立规矩时缺乏理性的爱，没有做到温柔而坚持——要么爱给多了，没有规矩；要么有规矩，但是不理性。

那么，家长怎样才能给孩子成功地立规矩呢？有三点内容需要家长注意。

第一点，家长给孩子立的规矩要和孩子共同制定，得到孩子认可，才能执行。家长和孩子约法三章，说到底是为了孩子可以更好地成长，而不是为了惩罚他。制定规矩时一定要让孩子参与，在双方都认同的基础上，规矩才能生效。规矩制定之后，家长尽量把它贴在醒目的地方，如果孩子在执行时有遗忘，就让孩子去看规矩的细节；当家长和孩子之间有分歧时，就可以按照具体的规矩说事，孩子更容易信服。

第二点，当孩子破坏规矩时，家长一定要做到温柔而坚定。很多孩子在要赖时，就不管规矩了，这时家长往往也会陷入情绪，很有可能将之前定下的规矩直接作废了。正确的做法是家长不要被孩子的情绪带着走——当孩子发泄完情绪，平静了，家长再心平气和地和孩子讲规矩。这样，孩子才会逐渐明白，哭闹是不能解决问题的，并且会执行规矩。

第三点，在执行规矩的过程中，家长应该对孩子有正向回应。很多家长在执行规矩的过程中，一发现孩子的行为不合规矩，就会立刻指出孩子的错误，甚至惩罚孩子；但是当孩子的所作所为都合规矩时，家长却不做出正向的回应。这样，孩子会在执行的过程中感受不到按照规矩做事给他带来的益处，积极性受到损害。

规矩确立之后，家长最应该做的就是对孩子的行为进行周期盘点，在孩子进步时及时表扬和赞美，这样才能让孩子从规矩中获得正向激励。孩子感觉自己受到了肯定，获得了认可，自然而言就会坚持下去。

家长必须清楚爱孩子是人类的本能，而立规矩则是希望孩子能够成为一个独当一面的人。教育中兼具爱和规则，将有助于孩子的成长。

问题 94　孩子不受别人欢迎

有家长问，如何才能让孩子成为受欢迎的人。

请各位家长记住一句话：你无法改变孩子的长相，却可以培养孩子的人格魅力。

长相是孩子的第一张脸，人格魅力则是孩子的第二张脸。第一张脸会随着时间的变化老去，而第二张脸会随着时间的推移愈加有魅力。家长留给孩子的金钱，迟早会花完；留给孩子的房子，也会变旧；教会孩子如何拥有人格魅力，则是孩子一生取之不尽、用之不竭的财富。

说到受欢迎，很多家长会很自然地将它等同于人际关系好。人际关系好，确实可以帮助孩子成为一个受欢迎的人，但受欢迎和人际关系好不能简单地画上等号。评价一个人是否受欢迎，除了看他人际关系的好坏之外，还要考虑其他因素，比如，是否负责任、诚信、乐于助人等。篇幅有限，我们不可能把所有的因素一一呈现，因此我送给家长朋友三个智慧锦囊，这也是我和大量孩子相处之后，总结的三条非常重要的铁律。

智慧锦囊一：让孩子拥有责任者心态，让他明白什么是自己的责任。

有两种心态，分别是责任者心态和受害者心态。责任者心态是什么？积极的、乐观的、向上的、主动的心态。拥有责任者心态的人最显著的表现就是遇到任何困难都会想办法处理，他们会反省自己，会在自己身上找原因。受害者心态则相反。拥有受害者心态的人遇到任何问题，会把原因推到别人身上，怪父母、怪老师、怪同学……就是不在自己身上找原因。

> 有一次，我在录课之前去理发。因为我没有戴眼镜，在理发过程中看不清楚头发的长短。理完发之后，我对着镜子仔细一瞧，随口说了一句："头发剪得好像有些短啊。"理发师听完之后，似乎有些激动，说了好几句抱怨的话。我没再说些什么，并且再也没去过那家店。没过多久，那家店就倒闭了，我想上述情形也可能是理发店倒闭的原因之一。
>
> 随后，我又更换了一家理发店，为我服务的理发师打动了我。他知道我理发是为了录课，于是在理发的过程中不停地询问我的意见和要求，最后还帮我用发胶定型。当我觉得发胶的味道过于浓烈，有些刺鼻时，他说："不好意思，这是我的责任，没有事先问清楚您的喜好，下次我给您换一瓶发胶。"这么简单的一句话，就让我特别喜欢

去这家店里，并成了这家店的会员。

两家店为何一家倒闭，一家受欢迎？我想，这与受害者心态和责任者的心态不无关系。

孩子如果是一个责任者，会受欢迎，赢得一群好友，甚至会成为一个团体的领袖；如果孩子有受害者的心态，他身边的亲朋好友只会一点点地远离他。这就是我为什么反复地告诉各位家长，要引导孩子成为一个责任者。责任者心态不仅能让孩子受欢迎，还能改变孩子的思考习惯和处事模式，在赢得他人信任和好感的前提下，能够不断地提升自己。

拥有责任者心态的人认为，一切问题都需要考虑自己的责任，这会给自己迎来一次又一次的良好开局，成为各种关系的转折点，让事情朝着好的方向发展。比如，夫妻之间产生矛盾，一方能够主动反省，有助于缓解矛盾。再如，家长和孩子闹矛盾，如果家长能主动说："孩子，这是爸爸的问题，爸爸下次一定改掉这个毛病。"可能有些矛盾和问题也就被化解了。

当家长应用这个锦囊时，他会发现夫妻关系改善了，亲子关系融洽了，家庭关系和睦了。

孩子拥有责任者心态，会主动找到问题出现的根源，去改变自己的行为，会获得新的成长，能力也会得到不断的提高，他自然而然就会展现勇气和担当。试问,一个有勇气有担当的孩子,走到哪里会不受欢迎呢?

智慧锦囊二:心里有他人。

我在训练营里常常会看到这种孩子:他们去打水时,会把小组内同学的杯子都带上,帮大家打水;看见老师忙不过来,他们也会主动去问老师是否需要帮助。

在工作中我们也会看到这种人:当大家在一起聚餐的时候,总有一个人忙前忙后,为大家服务。

这种人都是心里面有他人的人。他们时刻为别人着想,善于照顾别人的感受,会在第一时间发现别人的需求,急他人之所急。这样的人,怎么会不受欢迎呢?

如何让孩子心里有别人,为他人着想呢?我有三条建议。

第一条,从生活小事做起。很多孩子在家里衣来伸手、饭来张口,这样的孩子怎么能够做到心里有别人呢?父母一定要安排孩子做一些力所能及的事情,多给孩子各种锻炼机会。比如,让孩子在饭前帮家长端菜、摆放碗筷,帮家长盛饭,饭后帮家长收拾碗筷。这些看似不起眼的小事,都是在培养孩子为他人着想的习惯。

很多父母特别溺爱孩子,舍不得孩子做家务,最后培养出来的往往是不懂感恩、心里没有别人的巨婴。而这样的孩子不仅自己没有价值感,最终也会成为抱怨者和受害者。所以家长一定要让孩子参与到生活的小事中，而且越早越好，慢慢地孩子就会形成好的习惯。

第二条，鼓励孩子多参与志愿者活动。比如，让孩子到敬老院、孤儿院、地铁站等地参与志愿者活动，让孩子在服务他人的过程当中养成为他人着想的习惯。

第三条，教孩子解他人的燃眉之急。家长要向孩子传递一种观念：不要只顾着自己做事，一定要想一想或者观察一下身边的人是否需要帮助，尤其是看到他人有困难时要出手相助。

总而言之，家长要抓住各种能锻炼孩子为他人着想的机会，培养孩子为他人着想的习惯。当然，家长自己也要起到表率作用。假以时日，孩子会成为一个受欢迎的人。

智慧锦囊三：学会赞美。

家长要教导孩子善于发现事情的美好。

懂得用换位思考的方式去理解他人、欣赏他人、赞赏他人，是一个人的美德。凡是能发现他人美好的人，他的内心必然美好，只有心中有美，才能发现世界的美。懂得赞美是一种了不起的才能。

如何培养孩子的赞美能力？我有三点建议。

第一，赞美一定要真诚。这是赞美的先决条件。敷衍的、胡乱的赞美，就像是用非常差的面料做成的漂亮衣服，看起来漂亮，穿在身上却十分不适。只有真诚的赞美，才会让别人感觉像是穿了一件质地考究的衣服，令观者赏心悦目，让穿者舒适。

家长要告诉孩子，在赞美别人的时候，赞美的内容一定是对方所拥有的，是真实的，不能无中生有，更不能将别人的缺陷、不足作为赞美的对象。这是很多孩子常用的一种恶作剧手段。比如，对一个写字不是很好看的同学说："你的字写得太漂亮了，我要向你学习。"对一个体型偏胖的同学说："你的身材太好了，你是怎么保持的？"

这样的赞美是非常伤人的，非但得不到别人的好感，还有可能因此树敌。因此，家长一定要告诉孩子，当你看不到对方身上有什么值得赞美的地方的时候，保持沉默就是最好的赞美。而当你能够感受到对方身上的某些亮点的时候，请一定不要吝啬自己的赞美，一定要落落大方地告诉对方。

第二，赞美一定要适度。很多人根本不知道赞美的尺度会影响赞美的效果，恰如其分、点到为止的赞美才是真正的赞美。在赞美的过程中使用过多华丽的词语，过度地吹捧，只会让对方感觉不舒服、不自在、反感，甚至适得其反。

比如，孩子这样夸赞一位同学歌唱得不错："你的歌是全世界唱得最好的，比专业的歌手唱得都好。"这样的夸赞让对方觉得太假。如果能够换一种说法，比如，"你的歌声特别的吸引我，我听得很入迷，特别有画面感"，这样的赞美对方听了就会很高兴。总之，赞美之词一定要适度，不能滥用，一旦过了头就会变成吹捧，甚至招来他人的反感。

第三，同样的赞美在不同的场合会有不同的效果。你对着一个人说"小李是很有能力的人"和你对着一群人说"小李是个很有能力的人"，对小李来说效果肯定是不一样的。你可以在公开场合表达对对方的赞美，这样既能让对方感受到别人对自己的需要，又能让对方获得成就感。你也可以在私下赞美他，这样的赞美会让平常的一句话变得更加真诚，更加令人感动。

每个人都希望自己成为群体中受欢迎的人，毕竟每个人都希望被喜欢、被认可、被需要。然而，成为一个受欢迎的人并不是一蹴而就的，要靠日积月累的沉淀养成的习惯和修养。

孩子想要成为一个受欢迎的人，家长首先要教会孩子做一个责任者，心怀责任；其次要教孩子做一个心里有他人的人，这样的人走到哪里，都会受到欢迎；最后要让孩子学会赞美，教孩子善于发现事情的美好。

问题 95　孩子缺少共情能力

我们公司的程序员在做课程数据监测时，发现有很多人在搜索如何培养孩子情商的课程，这反映出现在不少家长开始重视培养孩子的情商了。在现代社会,情商高的人总是自带光芒,深受欢迎。那么,究竟什么样的表现才是具有高情商呢?

有人说,情商高就是好好说话,认真倾听;有人说,情商高就是让别人舒服;也有人说,情商高就是时时刻刻顾及别人的感受。这些都离不开共情的能力,共情就是一种高情商的表现。如果没有共情,人与人之间会比较冷漠,甚至存在误会;只有学会将心比心,掌握共情的力量,人和人之间的关系才能建立,温暖才能传递。共情能力的高低其实决定了孩子未来的幸福度和给他人传递的幸福度,这是生而为人很重要的一项能力。

> 一位老人坐在公园的椅子上哭泣,因为他刚刚失去了自己的爱人。这时,一个小男孩看到了,就跑了过去,爬到老人的腿上,静静地看着老人。奇怪的事情发生了,老人觉得自己好了很多,情绪也稳定了下来。事后,小男孩的妈妈问他同那位老人讲了什么。小男孩答道,自己什么都没有说,只是感受到了老人的悲伤,陪着他而已。

案例中小男孩的举动之所以会对老人产生积极的影响,是因为在那一刻他能够体会老人的处境,对老人的情绪和情感具备感受力和理解力,能感受到老人的内心世界并做出恰当的反应。这种能力就是共情能力。

在看到小伙伴不开心时，很多两三岁大的孩子也会做出安慰他人的举动，他可能会把自己的零食、玩具放到小伙伴的手中，并且用肢体语言来表示对小伙伴的关心。以上种种行为都是共情能力的体现。

我们常说，影响孩子心理健康的有两种重要的能力，一个是自信力，另一个是共情力。自信力是一个人对自我的认识和评价，共情力是一个人对他人感受的体会和感知。

如果说一个人有足够的自信力，缺乏共情力，那么他的言行就会比较强势而缺乏柔软度，他给人的印象是非常强硬，攻击性比较强；如果一个人有足够的共情能力，但缺乏自信，他可能会出现顺从、小心谨慎或者敏感的特点；如果一个人自信力和共情力都不足，其主要表现可能会是封闭自己、排斥亲密关系等；如果一个人既有自信又懂共情，实现了两者的平衡，他表现出来的就会是刚柔相济，其人格会具有高度的开放性和融合性，在群体中就很容易形成和谐的人际关系，从而很好地适应环境。

父母应该如何培养孩子的共情能力？可以尝试从以下三个步骤入手。

第一步，引导孩子以他人的视角看世界。每个人的想法不同，价值观不同，对事情的看法也会不同。通常我们只是习惯于从自己的视角看待问题，并且更倾向于看见我们想看见的事物。但是，如果我们引导孩子学会站在他人的角度看待问题，就有更多的机会用恰当、合理的方式来化解冲突。站在他人的角度看待问题，很容易理解对方的行为，自然而然地就会和他人同频，实现共情。

第二步，教导孩子不要轻易做出评判。我们常常会根据以往的认知对一个人或一件事情做出评价及判断，这常常会让我们看不到事情的真相。每个人都会变，并且每时每刻都在变，每个人对待不同的人和事情做出的选择也各不相同。因此，家长要想培养孩子的共情能力，关键要告诉孩子不要轻易做评判，一旦对对方开始猜测、评价，就很容易产生偏见，进而就很难做到理解对方的真实感受和真实想法，也就很难和对方做到同频，产生共情。

第三步，父母要言传身教，让孩子在共情式互动中成长。如果孩子小时候能够在共情的环境中成长，那么他在成年以后跟其他人互动时，也容易产生共情。

家长只有在生活中教会孩子如何真正做到共情，才能帮助孩子掌握这种能力，提升自己的情商。

问题 96　孩子不懂得感恩家长

一个最有孝心的 5 岁男孩的事迹曾在网上广为流传。

> 这个小男孩将幼儿园中午发的蛋糕悄悄地藏了起来。老师问他这样做的原因。他回答，这天是姥姥的生日，这块蛋糕是他送给姥姥的生日礼物。放学之后，小男孩立马跟随爸爸坐上了前往姥姥家的公交车。他一路上小心翼翼地护着蛋糕，最终顺利地将蛋糕送到了姥姥的手中。

我相信为人父母者都想养育这样一个暖心的孩子，因为他懂得感恩。一个懂得感恩的孩子，他会发自内心地关心和爱护身边的人，并竭尽所能地为家人做自己力所能及的事情。

不懂感恩的孩子则会把父母的付出当作理所当然的事，一旦父母不再付出，孩子就会埋怨父母，甚至伤害父母。

怎样培养孩子的感恩之心？我在这里给各位家长几个建议。

第一，父母要做心怀感恩之人。我们常说，父母是孩子最好的老师，如果父母本身都对他人的帮助没有心怀感恩，表示过感谢，那么孩子也很难学会感恩。父母要从小事做起，言传身教，潜移默化地影响孩子。

比如，父母在周末带孩子去朋友家拜访，结束后就要向朋友的款待表示感谢；当老人给孩子买礼物时，要让孩子对老人表示感谢，可以让孩子用零花钱向老人回赠礼物；夫妻之间也要经常感恩，这不仅会增加夫妻之间的感情，也会让孩子学会对父母感恩，未来他们也会体谅自己的伴侣。

第二，给孩子无条件的爱。很多父母为了让孩子对自己感恩，经常会用这种方式和孩子交流："你能不能帮我干点儿活儿？你看我每天做饭、洗碗，打扫卫生，还得给你洗衣服，你吃完饭帮我扫个地都不行吗？"这种话语模式是用自己的牺牲引发孩子的内疚，从而让孩子有所行动。家长必须明确，这不是感恩的心态，而是内疚、羞愧的心态，这两种心态是截然不同的。

感恩是积极的、正面的情绪，内疚是消极的、负面的情绪。当看到那些真正心怀感恩的孩子脸上的表情时，家长会跟着感动。反观那些心怀内疚的孩子总是把内疚、胆怯写在脸上，家长会觉得很心疼，想去抱抱他。我相信家长的目的肯定是希望孩子能够发自内心、自愿地帮助家长，而不是让他带着愧疚感去完成一个任务。

因此，家长要给孩子无条件的爱。这种爱不是交易，也不是为了达成什么目的而做。孩子当然可以通过做一些事情来回报家长，但这不应该是被家长强迫的行为，而是孩子发自内心的举动。

第三，要让孩子感同身受，懂得家长的不容易。有句话说得好，不让孩子品尝饥饿，他们就不知道食物的价值；不让孩子们体会寒冷，他们就不知道温暖的可贵；不让孩子感受挫败，他们就不知道成功的艰难。同样，家长不让孩子做家务，孩子就不知道家长做家务的辛苦；家长总是在物质上过分满足孩子，孩子就不知道东西的来之不易；家长替孩子做得越多，就越助长孩子的受之无愧感。家长一定要让孩子学会感同身受，不能替孩子成长，更不能溺爱孩子。如果在孩子小的时候，家长没有给孩子感同身受的成长机会，就不要责怪孩子成年后变成不懂感恩的"白眼狼"。

感恩是一个社会良知的底线。一个不懂感恩的人，如何指望他会尊重别人？又能指望他为这个社会做些什么？一个家庭最大的炫富不是夸耀孩子的成绩和能力，而是培养出一个懂得感恩的孩子。

问题 97　孩子适应新环境的能力较弱

一位家长留言说，因为孩子爸爸工作变迁，举家搬到外地，上初二的孩子也需要转学。开学没几天，孩子却说不想去上学，原因是孩子在新学校、新环境没有朋友，感到很不适应。

其实，孩子不适应新环境是一件很正常的事情，毕竟对陌生的环境、陌生的老师和同学，孩子都需要一段时间才能适应。同时，对孩子来说，这也是一个提升适应能力的极好机会。作为家长，我们不要急于对孩子说教，不要急于改变孩子的想法，要先找出孩子在面对新环境时，是哪一方面的能力有所欠缺，才导致他出现退缩的状况。

我们先尝试分析一下孩子不适应环境的原因。孩子不适应环境，可能是他缺乏主动和其他同学交往的能力，导致交不到新朋友；可能是孩子对于老师的教学方式没有适应，导致他因成绩跟不上而焦虑；可能是班级学习氛围和以前不同，导致孩子想念以前的环境；也可能是文化习俗不同，导致他没有很快地融入集体，甚至导致被边缘化，等等。我们只有先找到孩子不适应环境的原因，才能帮助他适应环境，改变现状。我们从案例中这位家长的描述可以看出，孩子不适应新环境、不想上学的原因是感觉没有新朋友。而孩子本身其实是很渴望友谊的，只是他不知道如何和别的孩子交往。

每个孩子在成长中都经历过各种团体活动。如果一个初二的孩子在群体里的参与感很弱，不知道如何去主动交朋友、融入集体，就说明孩子在此之前可能也没有学会如何进行人际交往，并且因为转学暴露出来。

我们来看看，孩子不会和同龄孩子交往的原因一般有哪些。比如，孩子胆小，缺乏自信，缺乏安全感，语言表达能力弱，或者自身存在一些不利于团结的因素（如自私、骄傲、不愿意和人合作等）。这些原因都可能导致孩子不会主动和同龄人交往，让他较难融入一个新环境。

针对孩子不知道如何同他人交往的问题，我建议家长可以尝试一些做法。

第一，带孩子多参加集体活动，让孩子有参与感。当孩子的价值在集体中得到发挥时，他的主动性和积极性就能得到提高。比如家长可以带孩子参加读书会，让孩子在读书会上学会分享，学会帮助他人，他也会得到别人的赞赏和鼓励，这样，孩子就有参与感，也能提升自己的价值感。除此之外，他还会结交很多同龄的孩子，当同龄孩子对他做各种活动邀请的时候，他会更愿意接受。

第二，培养孩子的利他之心。比如，家长可以每天给孩子多准备一些零食，让他和小伙伴一起分享；也可以多准备一份文具，如果有同学需要，可以借给他应急。家长可以在日常生活中培养孩子的利他之心，孩子也会很快融入集体当中。

总之家长要尽量给孩子创造一些与人交往的机会。他们身边的人对他们有巨大的影响，因此家长要带孩子去各种场合认识不同的人。孩子见识得越多，他的眼界就会变得开阔，他的选择就会越多，也就不会局限在一种思维里了。

例如，有的孩子从十三四岁起就开始自发组织去养老院慰问老人、去福利院看望小朋友、组织读书会、参与社区活动等。他们在处理各种事情的过程中增强了责任心、自信心，领导力、演讲能力也得到提高。

拥有适应环境的能力是孩子走入社会、适应社会的一个基本条件，如果你的孩子在这方面的能力较弱，那么你要帮助他在言行、品质、性格等方面加以改善，以增强他的适应力。

问题 98　家长不重视死亡教育

很多家长会带着孩子在清明节去祭奠逝者。我想借着这个节日和家长聊聊死亡教育，这是一个可以对孩子进行生命教育的机会。

> 曾经有一档韩国的综艺节目引发过讨论，这档节目记录了一位父亲带着两个儿子去扫墓的过程。这是这位父亲第一次带两个孩子来扫墓。在去往墓园的路上，他向孩子展示祭奠亲人的惯例和礼仪，并带着孩子买了康乃馨和爷爷生前最爱喝的烧酒。同时，他提醒孩子要懂礼貌，不要打扰到长眠在地下的人。
>
> 来到墓地之后，他带着两个孩子按照礼节祭拜长辈。这些礼仪教会孩子尊重故者，遥寄相思。祭奠的仪式让孩子看到了父亲对已故亲人的思念，他们也意识到，将来有

> 一天，自己的父母也会离开他们，长眠于地下，他们也只能通过祭奠的方式来寄托自己对父母的感情。在祭奠结束后，父亲告诉孩子，人的生命只有一次，并且死亡是不可避免的；在活着的时候，要好好生活，竭尽全力地去爱。

死亡的意义在于让我们知道生的可贵，能让活着的人珍惜自己的人生，好好爱惜自己的生命和身边人。一个人只有在认识到自己和身边人必然会死的时候，他才会开始思考生命，他才知道什么是生命之重，他才能开始积极地去筹划和实践自己的人生。只有这样，他的人生才算完整，才有可能避免遗憾。

因此，家长应该教育孩子要有对死亡的概念。也许当孩子开始认识死亡时，他们会感到悲伤或者恐惧，这时家长对孩子进行正确引导，让他对死亡有正确的了解，以避免他对死亡产生阴影进而触发一系列负面影响。在适当的时机，让孩子正确地接受死亡教育，让他理解生命终结的事实和生命存在的意义，才是死亡教育的真正目的。

那么，如何对孩子进行生命教育呢？首先，在适当的时机对孩子进行生命教育。比如，在孩子小的时候，家长可以告诉孩子小花、小草、小动物、人都是有生命的，并且生命只有一次；每个人都应该爱惜自己的生命，也不能损害别人的生命。

其次，让孩子懂得生命是不可逆的，要爱护和珍惜身边的人。关于生命和死亡，单纯的说教很枯燥也很抽象，家长可以利用一些图书和动画片等，帮助孩子更好地理解。年龄稍大一些的孩子可能已经遇到了亲人离世，他可能懂得了死亡的含义，如果孩子过于悲伤、失落，甚至恐惧，家长要引导孩子合理地发泄情绪。比如，家长可以教孩子通过画画、写信等方式寄托对亲人的思念；也可以陪孩子一起观看有关出生和死亡的纪录片，让他看到生命诞生的不易，要珍惜身边的人，珍惜生命，珍惜活着的每一分、每一秒，去做有意义的事情。

当然，生命教育的目的不是向孩子揭开残酷的事实，而是教导孩子，人生短暂，每个人都应该竭尽全力去生活，热爱生活，热爱生命，珍惜自己度过的每一天。其实，每个人都是一本书，出生是封面，死亡是封底，我们虽无法改变封面和封底，但是可以自由地书写书里的故事。我们要通过自己的努力，不断丰富自己的人生，不断创造生命的价值。

真正明白了死亡的含义，孩子会更敬畏生命，珍惜生命。